릭 워렌,

그의 삶과 새들백교회

김연택 지음

예루살렘

하나님이 선택한 가나안 땅, **예루살렘**은 이스라엘 백성들이 이미(already) 민족 공동체를 이뤘고, 하나님의 신, 성령께서 임재함으로 **예루살렘**에서 그리스도의 신부로서 지금(here) 교회공동체로 일하며, 하나님의 백성들이 귀향할 새 예루살렘인 하늘나라에서나중(not yet) 천국공동체로 완성될 예표적, 삼중적 의미를 나타냅니다. **도서출판 예루살렘**은 이 땅에서 하나님을 사랑하며(Loving) 하나님 말씀대로 순종하며 살기를 원하는 청소년, 성도, 목회자들을 문서로 섬기며(Serving) 이를 위하여 기도하며 정성을 다하여(Working) 모든 사역과 책을 기획, 편집, 출판하고 있습니다.

릭 워렌, 그의 삶과 새들백교회

초판 1쇄 발행일 2006년 7월 15일 | 초판 3쇄 발행일 2006년 8월 30일

지은이 김연택 | 펴낸이 윤희구 | 편집 이정혜
펴낸곳 도서출판 예루살렘 | 주소 서울 강남구 논현동 107-38 남광빌딩
전화 (02)546-8332, 545-0040 | Fax (02)545-8493 | 등록번호 제16-75호(1980. 5. 24)
홈페이지 www.jerusalempub.com | E-mail jeruinfo@hanmail.net

ISBN 89-7210-438-8 03230 책값 10,000원

* 잘못된 책은 교환해 드립니다.

여는 말

"내가 본 릭 워렌 목사와 새들백교회"

'목적이 이끄는 교회' 목회 철학을 가지고 1980년 1월 16일 작은 셋방에서 부부 단 둘이 개척하여 25년 만에 72만 4천 8백평이나 되는 아름답고 광활한 캠퍼스에서 주말 출석 교인 4만명의 미국 최대의 교회로 성장시킨 새들백교회 담임목사인 릭 워렌 목사께서 금년 7월에 7년만에 두 번째로 한국을 방문하게 된 것을 하나님께 감사하고 진심으로 환영합니다. 릭 워렌 목사와 새들백교회가 전 세계에 알려진 이유는 네 가지 이유 때문이라고 생각합니다.

첫 번째 이유는 릭 워렌의 첫 번째 기념비적인 저서 "새들백교회 이야기"(Purpose-Driven Church)가 1995년 미국에서 출간되어 외국어로 수백만권이 번역 출판 되면서 전 세계에서 베스트셀러가 되어 교회 지도자들에게 큰 도전과 도움을 주었기 때문입니다. 한국어판도 약 10만 부이상이 판매되어 대부분의 목회자들과 신학생, 심지어 교회 평신도 지도자들까지 이 "새들백교회 이야기"를 읽고 건강한 교회의 목적과 사명을 새롭게 하는 계기가 된 것입니다.

두 번째 이유는 새들백교회에서 매년 2차에 걸친 교회 지도자 컨퍼런스와 인터넷을 통한 목회자 훈련 및 목회정보 제공, 그리고 매년 전 세계를 다니면서 집중적으로 교회 지도자들과 목회자들을 위한 컨퍼런스를 통해 많은 목회자들과 지도자들이 도전과 변화를 받고 건강한 교회를 세워 나가고 있기 때문입니다. 지난 1999년에 이미 미국 기독교 역사상 처음으로 위성 중계를 통한 화상 세미나를 개최하여 미국 전역의 3만명 이상의 목회자들과 평신도들이 동시에 릭 워렌 목사의 강의를 들으면서 훈련을 받을 수 있었습니다.

이미 필자는 지난 1991년부터 매년 새들백교회에서 개최되는 건강한 교회를 위한 컨퍼런스에 지난 10여년 동안 한국과 전 세계 목회자와 선교사들을 초청하고 한국교회 목회와 세계 선교에 접목을 시도하였습니다. 지난 2005년까지 142개국의 40만명 이상이 새들백교회의 '건강한 교회 원리' 를 배웠고, 아프리카에서 훈련을 받은 목회자들이 9만명이 넘고 있고, 현재 인터넷을 통해 매월 목회의 철학과 방법을 배우며 새들백교회의 영향을 받은 세계 지도자는 지난 2005년도 8만 5천명이 되고 있습니다.

세 번째 이유는 2002년에는 저술한 교회의 평신도들을 위한 "목적이 이끄는 삶"(Purpose-Driven Life)은 미국은 물론 전 세계의 베스트셀러가 되었기 때문입니다. 이 책은 출간된 지 3년이 되지 않아 미국에서만 2천 3백만부가 판매되는 미국에서 가장 화제가 되는 저서가 되었습니다. 여기에는 그럴만한 이유가 있었습니다. 그것은 밤에 자기 아파트에 납치되었던 젊은 여성이 납치범에게 이 책을 읽어주는 가운데 납치범의 마음이 바뀌어 스스로 자수하고 삶의 목적을 발견한 사건이 텔레비전 방송과 신문을 통하여 자세하게 보도되었기 때문입니다. 한국에서 2003년도, 2004년도 '올해의 책' 으로 수상하며 수만 명의 평신도들이 이 책을 읽고 인생의 목적을 발견하는 변화를 받고 있기 때문입니다.

네 번째 이유는 릭 워렌 목사 자신의 헌신적인 목회자의 삶 때문입니다. 아마도 그의 신앙 인격과 삶 때문에, 릭 워렌 목사는 기독교 역사상 가장 훌륭한 목회자로 교회 지도자로 평가되고 인정될 것입니다. 그가 미국의 최대교회의 목회자, 목회자를 훈련하는 목회자를 위한 목회자, 그리고, 건강한 교회를 위한 "새들백교회 이야기", 그리고 건강한 그리스도인을 위한 "목적이 이끄는 삶" 이 두 권의 책을 낼 수 있었던 것은 그의 목회자 가정의 배경, 인격과 회심, 그리고 복음에 대한 열정과 헌신 때문입니다. 한국교회 목회자들과 평신도들은 "새들백교회 이야기"와 "목적이 이끄는 삶"을 통해 새들백교회와 릭 워렌 목사의 사역철학을 많이 알고 있을 것입니다.

필자는 지난 90년대 초부터 릭 워렌 목사의 삶과 새들백교회에 참여하며 건강한 교회의 모델로 한국교회에 소개하며 세미나를 인도하면서 지난 1999년 5월 릭 워렌 목사와 새들백교회 교역자들을 초청하고 새들백 국제컨퍼런스를 명성교회에서 준비하고 개최한 바 있습니다.

지난 25년간 새들백교회와 릭 워렌 목사는 자신의 삶과 교회 사역 철학에 대한 많은 변화가 있었음을 그의 저서를 통해 말하고 있습니다. 릭 워렌 목사 개인의 경건과 헌신의 삶, 그리고 그의 가정적, 신앙적, 학문적 배경, 그리고 새들백교회의 전도적이고 사도적인 사역철학과 그의 메시지가 건강한 교회를 지향하는 한국교회와 성도들에게 도전과 감동이 될 것으로 알아 지난 15년간의 새들백교회 한국 대표로 일하면서 릭 워렌 목사와 새들백교회에서 경험한 유익한 이야기들을 릭 워렌 목사의 두 번째 한국 방문을 기념하면서 금번에 출간하게 되었습니다.

이 책의 내용은 3부로 나누어져 있는데, 제 1 부에서는 릭 워렌 목사의 신앙과 삶, 즉 가정 배경, 그의 신앙과 인격, 그리고 복음에 대한 헌신적인 삶에 대해서, 제 2 부에서는 새들백교회의 부흥과 성장의 방법들에 대해서, 제 3 부에는 새들백교회의 예배와 구도적인 메시지를 말하고자 합니다. 3부에는 99년 새들백 국제컨퍼런스에서 릭 워렌 목사가 설교한 '평강으로 가는 길' 을 번역한 전문과, 설교 영상

자료 CD도 함께 수록하였습니다.

지난 1999년 이후 7년 만에 다시 한국을 찾은 21세기 미국교회의 대표적인 목사로 존경을 받고 있는 릭 워렌 목사님의 메시지와 강의를 통해서 1907년의 부흥의 불길이 다시 한 번 재현되며 21세기 선교를 주도하는 한국교회로 도약하는 기회가 되기를 간절히 기도합니다.

이 책을 출간하기 위해 수고한 예루살렘 윤희구 사장과 여러 직원들, 그리고 일심교회 동역자, 성도 여러분에게 감사드리며, 이 책을 읽는 모든 목회자, 선교사, 그리고 복음의 동역자 평신도 여러분들의 사역과 삶 위에 하나님의 은혜와 축복이 넘치기를 간절히 기도합니다.

일심교회 목양실에서

김연택 목사

CONTENTS

제 1 부

릭 워렌 목사의 이야기

우리는 그의 만드신 바라
그리스도 예수 안에서 선한 일을 위하여
지으심을 받은 자니 이 일은 하나님이 전에 예비하사
우리로 그 가운데서 행하게 하려 하심이라

엡 2:10

훌륭한 부모의 영향을 받다

릭 워렌 목사가 오늘날의 릭 워렌 목사가 될 수 있었던 배후에는 그에게 영향을 끼친 목회자 가문과 그의 부모가 있었다. 릭 워렌 목사가 목사의 자녀로 4대 목사가 된 것은 그의 가문에 하나님의 축복이 아닐 수 없다. 그의 조부는 미국에서 태어나 미국교회에서 복음을 전하는 목회자였고, 그의 증조부는 영국에서 태어나서 런던의 유명한 설교가요 목회자인 스펄전 목사로부터 전도를 받고 그의 추천을 받아 런던 스펄전 신학대학에서 학위를 마친 다음에, 스펄전 목사가 미국에 파송한 부흥사이며 전도자였다.

오늘날 릭 워렌 목사가 훌륭한 목회자로 될 수 있었던 것은 그의 증조부로부터 내려오는 신앙의 가문과 그의 조부와 아버지의 복음전파에 대한 열정과 끊임없는 기도가 있었기 때문이다. 신앙의 가문을 이루는 것보다 더 귀한 것은 없으며, 특히 하나님의 말씀을 전하는 목회자의 가문을 이어 나간다는 것은 참으로 하나님의 축복이 아닐 수 없다.

릭 워렌 목사는 1954년에 목회자로 교회를 섬기고 있던 아버지 지미(Jimmy Warren Sr.)와 어머니 도로시(Dorothy Warren)사이에서 둘째 아들로 태어났다. 그의 아버지 지미는 모든 사람에게 사랑을 베푸는 은사를 특별히 많이 가진 목회자였고, 그의 어머니 도로시도 교회 성도들을 돌보고 대접하는 은사를 가진 교회의 어머니와 같은 사모였다. 그들은 1943년 교회에서 만나 함께 봉사하다가 몇 개월 교제한 끝에 목회자의 부부가 되는 것이 하나님의 뜻임을 깨달은 후 결혼을 하게 되었다.

결혼한 후 2개월이 지나자 지미는 제2차 세계대전 남태평양 전쟁에 징집이 되어 그의 아내 곁을 떠나서 2년을 서로 떨어져 살게 되었다. 도로시의 말에 의하면 결혼생활을 전혀 새로이 시작해야 하는 것처럼 남편 지미가 전혀 다른 사람이 되어 돌아왔다고 하였다. 남태평양 전쟁의 참전은 지미 자신은 물론, 고향에 홀로 떨어져 있던 도로시의 신앙과 삶에 적지 않는 변화를 준 것이다. 즉, 모든 것을 참고 인내하며 끝까지 목회할 수 있는 능력을 하나님께서 이 부부에게 주신 것이다. 아마도 이러한 좋은 목회자적인 은사를 아들 릭 워렌 목사가 은사로 물려 받았는지 모른다.

남태평양 전쟁에서 돌아와서 1945년부터 목회자로 사역하기 시작할 때 그들의 직면한 문제는 경제적 어려움이었다. 지미가 받은 시골 교회에서 받은 봉급은 한 달에 20불 밖에 되지 않았다. 이러한 경제적인 어려움속에서도 지미 목사 부부는 끝까지 하나님의 도우심과 간섭을 믿으면서 교인들을 사랑하며 계속 목회를 해 나갔다. 릭 워렌의 어머니 도로시는 하나님께서 기적적으로 경제문제를 해결해 주셨고, 필요한 모든 것을 채워주시는 하나님의 물질을 축복을 받았다고 말한다.

▲ 두 살 때 릭 워렌

지미 목사의 가정에는 어느 누구나 손님을 환대하며 잠자리와 식사를 언제든지 대접해야 한다는 가정개방 철칙이 있었다. 교회의 성도들은 언제든지 지미 목사의 집을 방문하고 식사를 함께 했으며 전혀 알지 못하는 지나가는 손님들까지 모시기 위해 도로시 사모는 항상 음식을 준비해 놓아야 했다. 이때 어린 나이의 워렌은 집에 손님이 끊어지는 날이 거의 없었고, 아침 식탁에 항상 손님이 먼저 자리를 차지하고 있는 것을 보면서, 잠자리에 들때 다음날 아침에는 밤사이에 어떤 손님이 와서 잠을 자고 아침 식사를 할지 늘 궁금해 하며 잠을 자는 기억이 있다고 말한다. 그런데, 지미 목사 부부는 이러한 봉사와 섬김을 기쁘게 생각하고 즐겁게 손님들을 대접하면서 어려운 살림 가운데서도 목회를 열심히 하였다.

이렇게 가정을 개방하고 섬긴 방문객들과 손님들은 수천명에 이른다고 릭 워렌 목사는 말한다. 이때 돈이 없기 때문에 지미 목사는 밭에서 과일나무를 심어 기르고, 여러 종류의 채소를 재배하면서 도로시 사모의 식탁을 항상 준비해 주었다. 지미 목사는 언제나 자신이 손으로 일할 때 가장 행복하다고 늘 말씀하였으며, 조용한 시골의 목회를 즐기며 좋아하셨다고 릭 워렌 목사는 그의 어린 나이의 아버지 목사의 모습을 기억하며 말한다.

특별히 워렌의 아버지 지미 목사는 목회하면서도 농사 짓기를 좋아했고, 목수의 기술을 가지고 있어서 틈나는 대로 다른 교회건물을 건축하는데 도움을 주었다. 그는 목수의 기술로 교회 본당을 건축하기고 하고, 선교사의 집들, 교육관까지 신축하여 많은 분들에게 칭찬과 인정을 받기도 하였다.

그는 2002년 소천하기 전까지 전 세계를 다니면서 150개의 교회건물을 건축하였고 이 중에는 자기 집의 큰 창고를 리모델링하고, 극장의 옛날 의자를 들여 놓아 교회건물을 만들어 사용하기도 하였다. 그래서 릭 워렌 목사는 그의 아버지 지미 목사의 삶을 한 마디로 "망치, 성경, 그리고 낚시대"라고 자주 말한다.

릭 워렌 목사는 그의 아버지를 가장 존경하는 사람이라고 말하면서 그의 부모는 무에서 유를 창조하는 분들이라고 하였다. 이러한 창조적이고 헌신적인 부모의 삶 때문에 릭 워렌 목사는 삶의 목적과 사역의 비전 다섯 가지를 발견할 수 있었다.

그는 설교에서 아버지를 자주 언급한다. 아버지가 그의 삶에 절대적인 영향을 주었다고 말한다. 한 번은 "내가 나이들면 들수록 자신이 아버지를 꼭 닮아가고 있다는 것을 더욱 깨닫게 된다"고 말하기도 했다. 그의 아버지는 항상 이러한 말씀을 하셨다고 하였다. "오늘 예수 그리스도를 위하여 내가 가지고 있는 것을 가지고 내가 할 수 있는 최선의 일을 할 것이다."

릭 워렌 목사의 아버지 지미 워렌 1세는 북부 캘리포니아 지역에서 순회목사로 사역했다. 그는 외지고 작은 벌목촌 마을까지 찾아가서 말씀을 증거하였다. 그는 언제나 그가 가지 않으면 예수 그리스도의 복음을 듣지 못하게 될 그런 지역을 찾아 다닌 것이다. 그 산간 마을 사람들은 그 지역 담당 우편집배원보다 지미 워렌를 더 믿게 되었다. 그는 멀리 떨어져 있는 한 마을을 가기 위해 차로 반나절을 가는 경우도 많이 있었다. 그 이유는 그들이 하나님의 말씀을 들어야 한다는 사명의식, 즉, 하나님의 말씀을 전하고 싶은 열정이 지미 워렌 목사에게 있었다.

그후에, 1964년 지미 워렌 목사는 캘리포니아 북쪽의 멘도치노 카운디의 레드우드밸리로 이사를 하고 각 지역에서 교회를 목회하고 있는 목회자를 돕는 사역을 하게 되었다. 지미 워렌 목사의 집은 메도치노 카운티가 소재한 유카이아에서 북쪽으로 10Km 정도 떨어진 곳인데, 이곳이 바로 릭 워렌과 그의 형제 지미 2세, 그리고 그의 누이 동생인 숀델이 10대 성장기를 보내게 된 장소이다.

지미 워렌 목사는 1960년대 유카이아 지역에서 사람들을 구원하는 하나님의 사역에 헌신한 것이다. 그는 기독 청소년들이 속해 있는 모든 교회를 포괄하는 연합 청소년 프로그램을 지원했고, 그 외에도 교회를 성장시키는 사역에 계속 집중하였다. 지미 워렌 목사는 교회가 창립되도록 도왔는데 자신이 교회를 세우는 일에 모험적인 정신을 발휘하여 1972년 1월 지미 워렌의 집에서 레드우드 교회를 개척한 것이다. 그의 집 거실에서 최초의 예배가 드려졌는데, 곧 교인이 늘어서 위층의 더 넓은 장소로 옮겼다.

계속 교인의 수가 두세 배로 늘자 교회는 더 넓은 장소를 물색하게 되었다. 같은 해 부활절에는 50명이나 되는 사람들을 수용하기 위해서 가장 큰 시설로 예배장소를 옮겨야 했다. 1년 후에 새로 건축한 예배당에서 부활 주일 예배를 드리게 되었다. 놀라운 사실은 몇 년 후에 릭 워렌 목사도 이와 비슷한 규모의 성장을 경험한 것이다. 릭 워렌 목사는 79번이나 집회 장소를 옮겨 다니면서 예배를 드린 것이다.

릭 워렌 목사 아버지 지미 워렌 목사의 사역이 성공적이라는 것은 그가 교회개척을 돕고, 순회 목회자로 구령의 열정을 가지고 목회한 것 뿐만 아니라, 그가 세운 지도자들, 특별히 청소년 사역을 통해 세워진 지도자들이 교단에 성공적인 목회자들이 되었는데, 그 수가 25명이나 되는 것이다. 아버지 지미 워렌 목사가 다른 목회자들을 양육하여 세우고 성공적으로 사역하도록 돕는 것을 지켜 본 릭 워렌 목사가 그 점을 마음속에 모범으로 간직했다는 것은 사실인 것이다.

오늘날 릭 워렌 목사의 사역 역시 어느 누구나 새로운 지도자들을 일으키는 일에 집중되어 있다. 일찍이 릭 워렌 목사는 목회자들에게만, 만일 자신과 자신의 부친이 겪었던 사역상의 장애를 제거하여 그 지도자들이 좀더 신속히 성장하도록 돕는다면 교회 또한 좀더 빠르게 성장할 수 있을 것이며, 따라서 그 교회의 목회자들은 전도에 더 많이 집중할 수 있게 된다는 사실을 강조한 바 있다.

릭 워렌 목사의 성공적인 목회 사역을 세워 나갈 수 있을 만한 튼튼한 초석을 그의 아버지 지미 워렌 목사와 그의 어머니 도로시 워렌이 쌓고 있었다. 릭 워렌 목사는 부모가 예수의 이름을 위한 일을 하는데 필요한 모든 것을 전적으로 지원해 주었다. 지미 워렌 목사와 아내 도로시는 정말 훌륭한 팀이었다. 지미 워렌 목사는 교회를 세우는 일이라면 자신이 할 수 있는 모든 일을 다했다. 그는 건설 계약 담당자이자 건물 유지 및 보수 담당자였으며 목사였다. 그는 집을 수리해

주거나 영적인 문제를 해결해 주는 일 등 어떤 방식으로든지 언제나 사람을 돕고 있었다.

지미 워렌 목사는 그의 손과 마음과 영혼으로 하나님의 일을 했다. 그의 손길을 경험한 지역 사회의 모든 사람들이 그의 이러한 친절한 심령과 선한 성품을 알고 있었다. 지미 워렌의 넘치는 열정과 적극적인 사역의 자세 그리고 도로시의 따뜻한 마음, 이 조화가 바로 릭 워렌 목사가 오늘날과 같은 훌륭한 목회자가 되도록 이끌어 주었다.

릭 워렌 목사는 그의 아버지처럼 무엇인가 해내고자 하는 뜨거운 열망을 품고 있었다. 그는 그의 부모가 보여준 삶의 본을 따르고 있다. 이것이 릭 워렌 목사가 사람을 찾아가서 만나고 초대하여 예수 그리스도의 복음을 전하고 회심하게 만드는 사역의 통로가 되었다.

릭 워렌의 어머니는 몇명의 손님들을 접대하기 위해 주방에서 점심 준비를 하다가 심장마비로 1996년에 하나님의 부르심을 받았고, 아버지 지미 목사는 1919년에 출생하여 평생 교회를 짓고 복음을 전하다가 은퇴하여 릭 워렌의 기도후원자로 봉사하다가 1999년 봄에 하나님의 부르심을 받았다. 릭 워렌은 아버지의 임종을 지키면서 그의 아버지가 하신 마지막 유언의 말씀을 늘 기억하고 복음을 전한다고 한다. 마지막 유언의 말씀은 "예수를 위해 한 영혼을 더 구원하라"는 것이다.

릭 워렌은 목회자들을 가장 사랑한다고 말한다. 그 이유는 자신이 목사의 가정에서 출생하였고, 그의 증조부는 영국의 스펄전 목사에 의해 결신하고 미국으로 이민하여 개척 교회 순회 목사가 되었기 때문이다. 그의 부친은 물론, 장인, 매부가 모두 목사이다. 릭 워렌 자신은 신학교 캠퍼스에서 성장하였다.

릭 워렌이 특히 존경하는 목회자들은 재정적인 어려움을 겪으며 직업을 가지고 교회에서 목회하고 있는 목회자들이다. 이러한 목회자들이야말로 믿음의 영웅이며, 하늘나라에서 가장 큰 상급을 받을 자라고 말한다. 워렌 목사는 목회자의 진정한 성공은 끝까지 교인을 사랑하고 끝까지 그들을 인도하여 마지막을 잘 마치는 것이라고 말한다.

그는 목회는 마라톤이라고 말한다. 목회를 어떻게 시작하는가 보다는 목회를 어떻게 마치는가 하는 것이 더 중요하다고 강조한다. 그리고 목회는 사랑을 주는 것이라고 하였다. 사랑은 실패하지 않는다(고전 13:8)는 의미에서 릭 워렌 목사는 사랑의 목회자라고 말할 수 있다.

고등학생 전도자가 위대한 설교자를 만나다

릭 워렌은 어려서부터 목회자의 자녀답게 경건하게 생활하고 모든 교인들에게 칭찬을 받는 어린이로 성장했다. 목회자의 자녀이기 때문에 모든 예배는 물론, 주일학교에 참석하였고, 자신의 경건의 삶을 위해 시간을 따로 떼어 내어 기도하고 말씀 보는 훈련을 어려서부터 한 것이다. 목사의 자녀이기 때문에 부모의 눈치나 교인들 때문에 교회생활을 잘 한 것이 아니라, 자기 스스로가 말씀에 대한 열정과 하나님께 대한 경건한 삶을 추구해 나간 것이다. 그는 성경 말씀을 삶에 적용하기 위해 늘 성경을 보면서, 매주마다 성경에 나타나고 있는 새로운 진리 11가지를 찾겠다고 결심하고 성경공부에 힘을 다하였다.

릭 워렌은 어려서부터 목사의 아들로 태어나 아버지의 영향을 받아 경건하게 성장하고 있었지만, 그가 아버지를 본받아 목회자가 되겠다는 꿈을 가진 것은 아니었다. 그에게는 음악에 대한 은사가 있음을 알고 기타를 치면서 노래하는 대중 가수 록 스타가 되는 것이었다.

▲ 친구와 함께 이야기하는 16살의 릭

그는 중학교 다닐 때까지 한 번도 목사가 되겠다는 생각을 한 적이 없다고 말한다.

그런데, 그가 1970년대 고등학교 1학년 때에 삶에 가장 큰 변화를 경험하게 되었다. 고등학교 1학년 교회 여름 캠프에서 구조대원으로 봉사하면서 함께 봉사하는 다른 친구들이 하나님을 경험하고 하나님을 섬기는 영적인 경건한 삶을 보면서, 자신도 하나님과의 깊은 영적인 관계 속에서 하나님을 만나 보기를 원하는 간절한 마음을 가지게 된 것이다. 고등학교 1학년생인 소년 릭 워렌은 "하나님, 당신이 진정 살아계신다면, 나는 당신을 알고 싶습니다"라고 간절히 하나님께 기도하였다.

여름에 이러한 기도를 드린 다음, 같은 해 한 목사의 설교를 통해서 그의 삶에 가장 도전적인 말씀을 듣게 되었다. 그때 릭 워렌이 도전을 받았던 목사의 설교의 내용은 이러한 것이었다. "너는 너의 삶을 가지고 무엇하기 원하는가? 너는 지금 가치 있는 삶을 살고 있는가? 너는 지금 삶을 무의미하게 허비하며 살고 있지 않은가? 네가 하나님이 원하시는 삶을 살아가기 전까지는 결코 행복하지 못할 것이다." 이 말씀이 릭 워렌의 삶의 전환점이 되어 록 스타가 되는 것이 하나님이 원하시는 것이 아니라는 것을 깨닫고 하나님이 원하시는 삶으로 바꾸어 목회자가 되기로 하나님께 서원하게 된 것이다.

이 날부터 고등학생 릭 워렌은 시간나는 대로 학교 친구들에게 전도하며 복음을 전하기 시작했다. 그리고 기독학생클럽 조직, 기독교 음악콘서트 개최, 신약 성경책 배포, 기독교 뮤지컬 연출, 기독교신문

발간 등 적극적으로 복음전파에 앞장 서서 일하였다. 그리고 다른 사람들은 어떻게 복음을 제시하고 전하는가에 관심을 가지고 다른 사람들이 복음을 전하는 설교를 경청하기 시작하였다.

그는 언제나 설교를 들으면서 성경책의 빈 공간에 영어로 세 글자를 기록했다. 즉 "YBH" (Yes, But How?) 이다. "예, 그렇습니다. 그러나 어떻게 해야 합니까?" 라는 뜻이다. 예를 들면, "우리는 경건한 사람이 되어야 합니다. 그렇습니다. 그러나 어떻게 해야 합니까? 우리는 강인한 가정을 이루어야 합니다. 그렇습니다. 그러나 어떻게 해야 합니까? 우리는 성령으로 충만해야 합니다. 그렇습니다. 그러나 어떻게 해야 합니까? 우리는 능력 있는 전도자가 되어야 합니다. 그렇습니다. 그러나 어떻게 해야 합니까?" 라고 성경을 읽으면서 삶의 적용을 위해 항상 질문을 기록한 것이다.

고등학생 릭 워렌은 언제나 설교를 들을 때마다 복음을 알아 듣기 쉽고 삶에 적용할 수 있도록 메시지를 전해야 한다는 사실을 절감하고 사람들이 이미 고등학교 학생 시절부터 성경이 말하고 있는 삶의 목적이 무엇인가를 연구하기 시작한 것이다. 아마도 이때부터 "목적이 이끄는 삶" 에 대한 말씀의 씨앗을 마음 속에 품기 시작한 것 같다.

1972년 그가 고등학교를 졸업할 무렵에 하나님께서 그의 삶을 통해서 특별한 일을 하실 것이라는 확신을 가지게 되었다. 그것은 캘리포니아 주 해안 지역 목회자들의 초청을 받고 수많은 청소년 집회에서 말씀을 전하기 시작한 것이다. 릭 워렌은 120회 이상의 전도 집회와 부흥회의 강사로 말씀을 전했다고 말한다. 이 때 강사비로 받은 경비를 모아서 리버사이드에 있는 캘리포니아 침례대학교에서 공부할 때 학자금으로 사용할 수 있었다.

이미 고등학생 전도자로서 수많은 집회를 인도하고 많은 청소년들에게 복음을 전했지만, 그의 마음속에는 항상 하나님을 더 알기 원했고, 그리고 하나님을 아는 지식으로 그의 믿음과 신앙이 더욱 성장하기를 원한 것이다. 뿐만 아니라, 예수 그리스도를 어떻게 전하는 것이 가장 효과적인 방법인가를 연구하기 시작한 것이다. 그래서 그는 항상 훌륭한 설교자의 설교를 경청하고, 이름 있는 목회자들의 말씀 전하는 방법에 대한 많은 관심을 가지고 있었다.

그러던 1974년 11월 그는 어느날 미국의 침례교회 중에 가장 큰 달라스 제일 침례교회의 담임목사인 크리스 웰(1909-2002) 목사가 샌프란시스코에서 말씀을 전한다는 소식을 듣게 되었다. 당시 크리스 웰 목사는 50년 동안 한 교회를 섬겼고, 53권의 책을 써낸 20세기 미국의 가장 위대한 목사라고 알려져 있었다. 릭 워렌은 그의 설교 한 편을 듣기 위해 대학 강의 시간을 빼먹으면서 한 친구와 함께 350마일 떨어진 샌프란시스코를 차를 타고 단숨에 달려갔다. 이 때 그의 나이는 19세였다. 그가 크리스 웰 목사를 만나는 것은 마치 천주교인이 교황에게 알현하는 것 그 이상이었다. 그가 지금도 말하고 있지만 "19살 나이의 침례교회 청년이 크리스 웰 목사의 설교를 들을 수 있었던 것은 마치 천주교인이 교황을 알현하는 것과 같은 경험이었다" 고 고백하고 있다.

릭 워렌 목사는 지금도 크리스 웰 목사를 20세기 미국의 가장 위대한 목사요, 능력있는 지도자요, 그리고 가장 훌륭한 설교자라고 말하고 있다. 릭 워렌 목사는 크리스 웰 목사를 가리켜 자신의 '사역의 아버지' 라고 부르고 있고, 크리스 웰 목사 또한 릭 워렌을 '사역의 아들' 이라고 부르고 있다.

19살의 릭 워렌은 크리스 웰 목사를 만남으로서 목회자로서의 소명을 확신하게 되었다고 말한다. 그 이유는 자신이 자청해서 기도를 요청하지 않았으나 집회 후에 크리스 웰 목사가 워렌을 보는 순간, 어떤 영감을 받으셨는지 "젊은이, 나는 자네의 머리에 손을 얹고 자네를 위해 기도하라고 하는 하나님의 인도하심을 느끼네." 그리고 나서 그는 곧 릭 워렌의 머리에 손을 얹고 그가 결코 잊을 수 없는 다음과 같은 기도를 드렸다. "아버지, 당신의 영을 이 젊은 설교자에게 갑절로 부어 주옵소서. 그가 목회하는 교회가 달라스 교회의 두 배로 성장하게 하옵소서. 오 주님, 그를 크게 축복하옵소서." 이 기도는 릭 워렌의 마음에서 평생 지울 수 없는 감동적인 기도와 하나님이 그에게 능력을 주셨다는 확신의 기도가 되어서, 하나님께 이미 헌신했지만, 크리스 웰 목사와 같은 한 지역교회의 훌륭한 목회자로 하나님이 부르신 것을 확신하게 된 것이다. 크리스 웰 목사와의 만남은 그의 목회사역에 최대의 축복을 가져오는 기회가 된 것이다.

지성과 영성을 갖춘 신학생으로 교회 개척을 준비하다

릭 워렌은 목회자가 되기 전에 선교지에서 경험하는 것이 중요하다고 생각해서 1974년 일본에서 신학대학생 시절에 선교훈련을 받은 적이 있다. 여름에는 서울에서 열린 엑스플로 74에 참가하여 주일에는 영락교회에서 예배를 드렸다. 그는 이미 한경직 목사에 대한 소문을 듣고 특별히 영락교회를 찾았던 것이다. 지금도 그는 74년도 영락교회에서 한경직 목사님의 설교를 생생하게 기억한다고 말한다.

'목적이 이끄는 삶' 서두에서 그는 한국의 크리스천에게 이렇게 말하고 있다. "저는 여러분의 주님을 향한 믿음과 헌신에 대해 늘 감사하며 기뻐하는 여러분의 친구입니다. '목적이 이끄는 삶'을 통해 여러분을 섬길 기회를 주신 하나님의 섭리에 감격합니다. 하나님께서 오래 전 제가 영락교회 한경직 목사님의 사역을 통해 도전과 격려를 이제 여러분에게 갚아 드릴 수 있는 기회를 주셨기 때문입니다."

일본의 단기 선교를 마치고 미국에 돌아온 다음 해에 그는 리버사이드 침례신학대학에서 함께 공부하던 순복음 교회 목사의 딸인 케이 레위스와 1975년 결혼을 하였고, 곧 남침례교회에서 목사 안수를 받았다. 릭 워렌은 1977년 아내와 함께 나란히 신학대학을 졸업하고, 일본 선교사의 꿈을 가지고 텍사주의 사우스웨스턴 신학대학원에 진학을 하였다.

▲ 결혼 직후 부모님과 함께

그가 훌륭한 신앙서적을 저술할 수 있었던 것은 신학대학에서 일반학문과 신학기초 훈련을 받았고, 그리고 미국의 유명 신학대학원인 사우스웨스턴에서 목회 전반에 관한 학문연구가 있었기 때문이다. 그는 많은 책을 저술하지 않았다. 지금까지 그가 일반출판사와 자기 교회에서 출간한 책은 다섯 권에 불과하다. 예를 들면 일반 성도들을 위한 저서인 "성경공부 방법" (1981), 교회지도자들과 목회자들을 위한 저서인 "목적이 이끄는 교회"(1995), 그리고 일반 그리스도인의 삶을 위한 실제적인 메지시 설교인 "삶을 변화시키는 능력"(1998), "삶의 문제의 해답"(1999), 그리고, 40일의 말씀 묵상집 "목적이 이끄는 삶"(2002)이 있다.

▲ 아내와 함께 신학대학 졸업

1979년 말, 그는 신학대학원 졸업을 앞에 두고 교회를 개척하여 목회하기로 마음을 먹고 하나님께 기도하면서 개척 지역 선정을 위해 기도하게 되었다. 그는 신학대학원에서 공부하면서 언제나 교회가 어떻게 부흥하고 성장하는

가에 대단한 관심과 열정을 가지고 있었고 교회를 방문하고 연구하고 조사하였다. 미국의 많은 교회들이 성장하지 않는 것을 발견하고, 미국의 성장하는 교회 100개 교회를 대상으로 두 가지 질문을 가지고 연구하게 되었다. 하나는 교회를 부흥하게 하는 것은 무엇인가, 다른 하나는 교회를 건강하게 하는 것은 무엇인가 하는 것이다.

그가 성장한 대형교회에서 발견한 사실 중에 하나는 담임 목회자가 한 교회에서 20년 이상 장기간 목회하고 있다는 것이다. 이 사실을 발견한 다음 릭 워렌은 무릎을 꿇고 하나님께 간절히 기도하였다. "하나님, 나는 이 세상 어디를 가든지 한 곳에서, 그 곳이 어디든지 한 교회에서 나의 전 생애를 불살라 평생 목회를 하겠습니다." 사실 그가 졸업할 무렵에 달라스의 큰 교회에서 담임목사로 청빙이 있었다.

그러나, 그는 하나님 앞에서 서원한 대로 개척교회를 세우고 그 교회에서 평생 목회하기로 서원하였기 때문에 청빙을 거절하고 하나님이 주시는 곳을 기다리고 있을 수 있었다. 그의 마음 속의 기도제목은 어디에다 교회를 개척하고 평생 목회를 해야 하는가 하는 것이었다.

▲ 1975년 갓 결혼한 릭과 케이

릭 워렌 목사 부부는 응접실 벽에 미국 지도를 벽에 붙여 놓고 수 개월 동안 기도하면서 하나님의 인도하심을 바라고 있었다. 그러던 중 1979년 여름에 미국에서 가장 교회가 적은 지역 세 곳이 워싱톤 주, 오레건, 그리고 캘리포니아 주 라는 사실을 발견했다. 그래서 릭 워렌 부부는 기도의 범위를 서부 해안 쪽의 네 도시, 즉 시애틀, 샌프란시스코, 샌디에고, 오렌지 카운티 등으로 좁히면서 기도했다.

▲ 1980년대 중반 릭 워렌

어느날 오후 릭 워렌 부부는 남가주 오렌지 카운티의 새들백 밸리라는 동네가 70년 대 미국 전역에서 가장 빠르게 성장한 지역이라는 것을 발견했다. 그 때 그는 하나님께서 "나는 네가 바로 그 곳에서 교회를 시작하기를 원한다"라는 응답을 받은 것이다. 그 때 그는 돈도 없고, 교인도 없고, 아직 장소를 보지도 못했다는 사실이 그에게 전혀 문제가 되지 않았다. 하나님이 보여 주신 곳이고, 가야 할 곳이 정해졌기 때문이다.

릭 워렌 목사는 오렌지 카운티를 책임지고 있는 선교부 우튼 목사에게 교회를 개척할 계획이 있는데 그 지역에 과연 교회가 필요한 지에 대한 그의 의사를 묻는 편지를 보냈다. 그런데, 하나님의 섭리 가운데 놀라운 일이 일어났다. 선교 책임자 우튼과 한 번도 만난 적이 없고 서로 아는 사이가 아닌데 릭 워렌이 그에게 편지를 보내는 그 때 우튼도 릭 워렌에게 새들백 밸리에서 교회를 개척하는 것이 어떠냐고 묻는 편지를 보낸 것이다. 편지가 서로 엇갈려서 동시에 상대방에게 전달된 것을 보면 하나님께서 새들백 골짜기에서 무엇인가를 이루려 하신다는 것을 깨달았다.

두 달후 10월에 릭 워렌 목사는 난생 처음으로 오렌지 카운티를 보고 열흘 간 머물면서 새들백 지역을 탐사했다. 주민들과 대화를 나누었고, 상공회의소, 카운티 개발국, 부동산업자들을 찾아갔고, 그 지역의 다른 목사들을 만나 보았다. 그리고 그는 발견한 모든 사항을 꼼꼼히 기록해 두었다. 일주일 후에는 아내 케이를 새들백 밸리로 오게 해서 처음으로 그 지역을 보게 했다.

릭 워렌 부부는 눈에 띄는 가장 높은 언덕에 올라가 수천 가구로 꽉 찬 새들백 밸리의 전경을 내려다 보면서 자신들의 삶을 새들백 밸리 커뮤니티 교회를 세우는 일에 바치기로 다짐했다. 릭 워렌 목사 부부가 손을 맞잡고 기도하는 중에 하나님께서 그들의 마음속에 응답과 확신을 주셨다. 릭 워렌 목사는 하나님께서 "이제 이 새들백골짜기로 속히 이사를 하고, 속히 교회를 개척하여라. 너는 다른 데로 가지 말고 평생을 이 골짜기에서 교회를 세우고 헌신하여라"는 음성을 들었다고 한다.

1979년 12월에 신학교를 졸업한 워렌 부부는 얼마 안되는 짐을 이삿짐 트럭에 싣고 텍사스에서 캘리포니아로 이사를 했다. 워렌 부부가 4개월 된 딸 에이미를 데리고 1500마일 장거리 운전하면서 새들백 골짜기에 도착한 것은 1980년 1월 2일 오후 4시경이었다.

인구 500명 정도가 되는 시골 마을에서 자란 워렌은 오렌지카운티 고속도로의 교통체증과 대도시의 집과 건물을 보고 운전하면서 과연 하나님께서 자신을 이러한 부촌 지역목회자로 부르셨는가에 대한 질문을 마음속으로 해 보았다고 말한다. 하나님께서 나를 잘못 택하신 것은 아닌가? 내가 과연 이곳에서 교회를 개척하고 목회를 할 수 있을까? 하나님의 뜻을 깨닫지 못하고 내가 이 새들백 지역을 잘못 선택한 것은 아닌가? 워렌은 계속 운전하면서 오렌지 카운티 지역을 지나고 있었는데, 새들백 지역이 가까운 지역에서 고속도로에서 내려서 부동산 사무실을 찾아 들어가라는 마음의 감동이 왔다고 한다.

그래서 그는 고속도로에서 내리자마자 첫 번째 부동산 사무실을 찾아 들어 갔다. 마침 돈 데일이라는 업자가 일을 하고 있었다. "내 이름은 릭 워렌입니다. 나는 이곳에서 교회를 시작하려고 합니다. 당장 머물 집이 필요한 데 사실 돈은 없습니다." 돈 데일 부동산 업자는 웃으면서 "어떻게 할 수 있는 길이 있는가 한 번 알아 봅시다"라고 말하더니 두 시간 안에 연립 주택 하나를 찾아 주었다. 첫 달 월세는 무료로 해 주겠다고 하였다.

릭 워렌은 부동산업자에게 교회 다니는지 물었다. 그는 다니지 않는다고 대답했다. "아주 잘 됐습니다. 당신은 우리 교회의 최초의 교인입니다!" 라고 릭은 예언적으로 말했는데, 그 말 그대로 되어서 1980년 1월 16일 월세 연립 주택에서 새들백교회의 첫 성경공부 모임에 돈 데일과 그의 아내와 딸, 그리고, 워렌 목사 부부, 그리고 딸 에이미, 그리고 다른 사람까지 해서 무려 7명이 된 것이다. 그의 첫 날 성경공부 제목은 '믿음' 이었다. 그의 믿음대로 돈 데일이 첫 교인이 되었고, 그는 지금까지 새들백 교회를 섬기는 훌륭한 성도로 성장하였다.

워렌 목사 부부가 교회를 개척하면서 가장 어려운 문제는 재정문제였다. 그들은 아무 것도 가진 것이 없었던 것이다. 교인 한 사람도

▲ 새들백교회에서 설교하는 릭 워렌 목사(좌)

없고, 돈도 한 푼도 없고, 교회로 모일 시설 건물도 없었던 것이다. 그리고, 도움을 요청할 수 있는 아는 믿음의 형제 자매는 한 사람도 없었다. 온 가족이 새들백에 도착하여 교회를 개척하고 할 때 그들이 가지고 있었던 돈은 단 돈 몇 달러 밖에 안 되었다.

그런데, 첫 예배를 드린지 3주가 지난 어느날 전화 한 통이 걸려왔다. "나는 풀러턴의 작은 교회 빌 그래디입니다. 당신이 교회를 개척했다는 소식을 듣고 재정적으로 어려울 것 같아 두 달간 월세를 우리가 도와 주고 싶습니다." 이렇게 순간 순간 하나님의 도우심으로 목회를 시작한 그는 1987년 하나님이 도우신 기적 같은 일들을 회상하면서 이런 말을 하였다. "하나님의 계획은 '전진하라 내가 기적적으로 공급해 줄 것이다' 였습니다. 개척한 후 첫 6개월 동안에 배운 이 교훈을 절대로 잊지 않을 것입니다."

하나님이 기뻐하시는 전도하는 교회로 시작하다

새들백교회도 처음에는 장기간의 목회 계획이나 사역 방법론 없이 단순한 소명 의식만 가지고 개척된 교회이며, 교회가 성장하면서 상황에 부응하는 사역의 방법론과 철학을 개발하였다. 릭 워렌은 비전이란 미래를 보는 능력만이 아니라 상황 속에 나타나고 있는 기회에 민감한 반응을 보일 수 있는 능력이라고 말한다. 새들백교회도 많은 시행 착오와 실패 속에서 성장하였다. 그러나 릭 워렌은 실패를 두려워하지 않았고, 시험적인 사역을 많이 감행하였고, "교회 성장을 가져오지 않은 1,000가지 방법" 이라는 책을 쓸 정도로 수없이 실패하였다. 실패 없이 목회에 성공한 목회자는 진정한 목회자가 아니다.

1974년 릭 워렌은 일본에서 잠시 학생 선교사로 사역하는 동안 우연히 한 기독교 학생 잡지 "그의 것"(HIS)에서 교회 성장의 아버지라고 불리는 도날드 맥가브란 박사에 관한 글을 읽게 되었다. "왜 이 사람은 위험한가?" 라는 제목으로 실린 글은 맥가브란의 인도 선교사로

서의 삶과 교회 성장의 열정과 운동에 관한 글이었다. 이 글은 후에 릭 워렌이 개척 교회의 비전과 목회 철학과 방향을 결정하는데 절대적인 영향을 주었다고 말한다.

크리스 웰 목사와의 만남이 그에게 목회자의 소명을 확신시켜 주었다고 하면, 맥가브란의 선교와 교회 성장에 관한 글은 그의 교회 개척과 목회 철학의 비전을 결정지었다고 할 수 있다. 그는 맥가브란의 글에서 교회 개척과 성장에 관한 중대한 원리들을 발견하였다. 즉, 성서적인 원리와 문화적인 원리, 지도력의 원리들이 바로 교회에 적용될 때 건강하게 성장하는 교회를 만든다는 것이다.

릭 워렌은 교회 성장에 관해 다음과 같은 질문들을 가지고 연구하였다. '진정한 성경적인 교회는 어디까지 사역해야 하는가? 어디까지의 교회 사역이 문화적인가? 왜 어떤 교회는 성장하고 어떤 교회는 감소하는가? 성장하는 교회들의 성장이 중단되고, 둔화되며, 감소하는 원인들은 무엇인가? 성장하는 교회들의 공통적인 요인들은 무엇인가? 모든 문화에 적용할 수 있는 교회 성장 원리는 무엇인가? 교회 성장을 방해하는 요소들은 무엇인가? 성장하는 교회들에 대한 과거의 일반적인 신화들은 무엇인가?'

릭 워렌 목사는 다른 교회에 다니는 사람들을 새들백교회로 끌어오기 위한 어떤 노력도 하지 않기로 마음 먹었다. 교회를 시작하기 위해 다른 교회에서 필요한 일꾼들의 지원도 받지 않기로 하였다. 믿지 않는 사람들을 전도해서 믿지 않는 사람들과 직접 시작하기로 결심한 것이다. 그래서, 교회 나가지 않는 사람들이 왜 교회에 나가지 않으며 그 이유들이 무엇인가를 조사하기로 하였다.

개척한 1월부터 부활 주일까지 12주 동안 2000 가정을 방문하면서 교회 나가는 사람들을 만나면 감사하며 격려하였고, 교회 나가지 않는다고 말하면, 네 가지 질문을 한 것이다. 그 네 가지 질문은 다음과 같은 것이다. "왜 대부분의 사람들이 교회를 나가지 않는다고 생각하십니까?" " 만일 교회를 찾는다고 하면 어떤 교회를 찾겠습니까" "이 지역에 유익될 수 있는 교회의 목사가 되기 원하는데 나에게 주는 충고는 무엇입니까?" "내가 목사로서 당신을 어떤 도움을 드릴 수 있습니까?"

▲ 1980년대 후반 릭의 가족

이 질문을 통해서 네 가지 놀라운 사실을 발견하였는데, 한 사람도 교회에서 전하는 복음에 대한 언급이 없었다는 것이다. 첫째, 설교가 지루하고 실제 삶에 도움이 되지 않는다. 둘째, 교회 사람들이 불친절하다. 교인들이 습관적으로 사람들을 대하고 자기들 끼리만 어울린다. 셋째, 교회에서 너무 지나치게 헌금을 강조한다. 넷째, 어린 아기들의 돌봄이나 시설이 잘 되어 있지 않다.

그래서 릭 워렌 목사는 그들의 필요를 충족시켜 줄 수 있는 교회를 세워나가기로 마음을 먹고 설교부터 그 새들백지역 사람들에게 맞는 설교를 하기 시작하였다. 그런데 그에게는 어려서부터 아드레날린 반응이 있어서 머리와 신경을 쓰면 때로는 정신을 잃기고 하고, 쓰러지기도 하는 병이 있었다. 그래서 설교 준비를 한다든지, 설교할 때마다 그는 적지 않은 두통과 정신적인 고통을 경험하였다. 그는 이러한 고통은 마치 뉴욕의 엠파이어 스테이트 빌딩 꼭대기에서 손가락으로 붙들고 밑을 내려다 보는 것 같은 이성을 잃은 느낌이라고 말한다.

때로는 머리가 터지는 것 같은 느낌, 앞이 흐리고 안보이기도 하고, 어떤 때는 교인들을 전혀 볼 수 없을 정도가 되는 약 15분에서 20분 계속되는 경우가 많다고 한다. 이러한 신체적, 정신적 고충을 이겨내며 그는 하나님이 원하시는 불신자들을 위한 교회를 세워 나가기 위해 설교를 준비하며 열심히 목회한 것이다.

그는 불신자들을 위한 교회를 정식으로 지역 사회에 알리고 공식적으로 교회를 설립하고 예배를 드리기 위해 4월 6일 부활 주일예배에 초청장 1만 5천장을 우편으로 보냈는데 종려 주일에 60명의 불신자들이 한 주 먼저 나왔는데 그 중에 다섯 명이 주님을 영접하였고, 그리고 부활 주일은 205명의 교회를 나가지 않던 사람들이 참석하였다. 이때 릭 워렌 목사의 나이는 26세였는데, 그는 부활주일에 새들백교회의 꿈과 비전을 처음 교회 나온 불신자들에게 설교를 통해서 전했다. 1980년 3월 30일 릭 워렌이 새들백 교회에서 처음한 설교의 새들백교회의 꿈과 비전은 다음과 같다.

> 우리의 꿈은 상처받은 사람들, 침체된 사람들, 좌절감을 느끼는 사람들, 혼란에 빠져 있는 사람들이 사랑, 용납, 도움, 희망, 용서, 지도, 그리고 격려를 받을 수 있는 곳으로 만드는 것입니다.
>
> 우리의 꿈은 남부 오렌지 카운티에 사는 수십만의 사람들에게 예수 그리스도의 복음을 전하는 것입니다.
>
> 우리의 꿈은 2만명이 넘은 교인들을 서로 사랑하며 , 함께 배우

고, 웃고, 화목하게 살아가는 교회 가족의 교제 속으로 끌어 들이는 것입니다.

우리의 꿈은 모든 교인을 훈련시켜서 하나님께서 그들에게 주신 은사와 재능을 사용해 중요한 사역을 감당하게 하는 것입니다.

우리의 꿈은 세계 각 곳으로 수백 명의 직업 선교사와 교회 일꾼들을 파송하고 모든 신자들을 개인적인 사명을 위해 무장시키는 것입니다. 이 꿈은 모든 대륙에 수천 명의 교인들을 단기 선교 사역을 위해 파송하는 것 입니다. 이 꿈은 매년 적어도 하나 이상의 지교회를 세우는 것 입니다.

우리의 꿈은 남부 오렌지카운티의 지역교회로서 적어도 6만 평 이상의 땅에 아름답지만 단순한 교회 건물, 수천 명을 수용할 수 있는 예배당과 상담과 기도를 위한 방, 성경공부와 평신도 훈련을 위한 교실, 그리고 오락 시설 등을 갖춘 곳을 세우는 것 입니다. 이 모든 시설은 전인 사역-영적, 정서적, 신체적, 사회적 모든 면을 포함-을 위한 것이며, 평화스럽고 영감이 넘치는 정원을 배경으로 세워질 것 입니다.

저는 오늘 여러분 앞에서 이 꿈들이 현실로 이루어질 것이라는 확신을 가지고 이 말을 합니다. 왜 그렇습니까? 그것은 이 꿈들이 하나님께서 주신 것들이기 때문입니다!

1980년 4월 6일 부활 주일 아침 205명이 라구나힐 고등학교강당에 모여 첫 예배를 드렸다. 이 때가 바로 텍사스에서 남가주로 이주한지 12주간이 지나고 있는 때였다. 첫 설립 예배를 드린 후 10주 후에는 첫 예배부터 참석했던 82명의 불신자들이 결신하였다. 그리고 첫 교인 반에 20명이 등록하였고, 교육 받은 지 6주 후에는 18명이 세례를 스파에서 주는데, 이 세례식을 일명 "예수를 위한 자쿠지"라고 부르기도 한다.

세례식은 매월 1회씩 가지는데, 하루에 367명까지 세례를 준 일도 있다. 새들백교회는 초기부터 많은 성장의 아픔과 고통이 있었다. 지금까지 25년 동안 75회나 집회 장소를 이동하였다. 고등학교 강당, 초등학교, 은행 건물, 극장, 식당, 대형 개인 주택, 사무실, 스태디움 등을 빌려서 사역을 하다가 1995년에 현재의 교회 대지를 준비하고 주말에 네 번의 교회 집회를 가지고 있다. "건물 없이 어디까지 성장할 수 있는가?" 라는 질문에 대해 그는 처음 16년간 교회 건물 없이 1만명까지 성장했으나 이제 25주년이 지난 오늘날 4만명의 대형 교회로 성장했으나, 앞으로 10년, 20년 후에 어디까지 성장할 수 있는지는 잘 모르지만, 이 세상에 마지막 영혼이 구원 얻을 때까지 교회는 부단히 성장해야 할 것이라고 말한다.

릭 워렌 목사는 건물의 유무나 건물의 크기가 문제가 아니라, 사람에게 관심을 가지고 전도하고 있는가 하는 것이 문제라고 강조하여 말한다. 그는 사람이 건물보다 중요하다고 강조하고 있다.

"목적이 이끄는 삶" 이야기 I

현재 그의 교회는 매주말 네 번 이상의 집회를 여는데 4만명이상의 교인들이 참석하고 있으며, 1년 십일조 수입은 2천 700만불을 넘고, 300명이상의 전담 사역자들과 파트 타임 사역자들이 일을 하고 있다.

릭 워렌 목사는 그의 교회의 사역 규모보다 더 중요한 것이 있다고 말하고 있다. 그것은 새들백교회를 찾아오는 사람들이 삶의 변화를 계속 받아가고 있는 것이다. 예를 들면, 2004년도 한해 동안 결신한 사람이 3,000명이 넘었고, 그 중에 세례를 받은 사람은 2,029명이나 되었다. 그리고 2005년도 부활 주일에는 릭 워렌 목사의 "하나님이 주신 삶의 목적 다섯 가지"라는 설교를 듣고 주님을 영접한 사람들이 4,146명이나 되었다.

릭 워렌은 목적이 이끄는 삶에 대한 설교를 통해서 그의 교인들을 변화시킬 뿐만 아니라 '목적이 이끄는 삶' 인 그의 저서를 통해서 미국의 수많은 사람들을 변화시키고 있다. 미국에서 2002년도 이래 2천 3백만부가 팔린 베스트셀러인 "목적이 이끄는 삶"(The purpose-Driven Life)에서 릭 워렌은 모든 인간에게 하나님이 동일하게 부여해 주신 다섯 가지 삶의 목적이 있다고 말한다.

> 첫째, 우리는 하나님의 기쁨을 위해 계획되었다.
> 둘째, 우리는 하나님의 가족으로 태어났다.
> 셋째, 우리는 그리스도를 닮도록 창조되었다.
> 넷째, 우리는 하나님을 섬기기 위해 지금의 모습으로 지음받았다.
> 다섯째, 우리는 사명을 위해 지음 받았다.

릭 워렌 목사와 그의 저서가 미국에서 베스트셀러로 판매되게 된 배경에는 경찰에 쫓기던 34세의 살인범이 7시간 납치하고 아파트의 주인 여자인 26세의 애슐리 스미스가 릭 워렌 목사의 책의 내용을 읽어 주다가 그가 마음의 변화를 받고 순순히 경찰에 자수한 사건이 전 미국에 화제거리가 되었기 때문이다.

2005년 3월 11일 오전 8시 조지아주 아트란타시에서 비극적인 상황속에서 극적인 소망의 역사가 일어났다. 성폭행으로 체포된 니콜라스가 법정재판 도중에 경찰이 눈을 피해 도주한 것이다. 그날 밤에 니콜라스는 도주하면서 4명을 살해하고, 한 아파트 앞의 트럭에 숨어 있었다. 그 아파트는 남편을 잃고 5살 난 딸과 함께 믿음으로 살아가고 있는 애슐리 스미스의 아파트였다.

3월 12일 새벽 2시에 볼 일을 마치고 차에서 내려 아파트에 들어가려는 순간에 니콜라스는 이 여자를 아파트로 끌고 들어가서 입을 테이프로 붙이고 말도 못하게 하고 소리치면 죽인다고 협박한 것이다. 스미스는 5살 난 딸이 있으니 제발 죽이지 말고 살려만 달라고 하였다. 스미스는 이미 뉴스를 통해서 니콜라스가 법정에서 도주하면서 4명을 살해한 무서운 살인범이라는 것을 알고 있었다. 그래서 자신도 죽을 수 있다는 생각을 하면서 자기 남편이 4년 전에 강도에 의해 피살되었는데, 아이는 아버지도 모르고, 지금 내가 죽는다고 하면, 이 아이는 고아가 되고 불쌍한 아이가 되니 살려 달라고 새벽까지 간청을 하였다. 남편이 강도에 피살 당했고 아이가 어리다는 말에 니콜라스는 여자를 죽이지는 않기로 생각한 것처럼 마음이 가라앉아 보였다.

이때 스미스는 릭 워렌 목사가 쓴 40일간의 경건 메시지, '목적이 이끄는 삶' 을 읽고 있는 중이었다. 그래서 스미스는 니콜라스에게 자기가 읽고 있는 책을 읽을 수 있도록 책을 가져다 달라고 하였다. 그리고 무슨 내용인지 읽어 주어도 좋겠는가 물었다. 그의 허락을 받은 스미스는 "목적이 이끄는 삶" 을 읽어 주었다.

"우리는 다른 사람들을 섬기면서 하나님을 섬기고 있다. 자신만을 섬기며, 자기 제일 주의의 의식을 가지고 살아가는 문화 속에서, 다른 사람을 섬기는 자로 살아간다는 것은 모든 사람들이 좋아하는 개념은 아니다. 그러나 예수님은 그의 신분 때문이 아니라, 섬김의 삶을 탁월하게 사신 분이다."

이때 니콜라스는 스미스에게 "다시 한 번 읽어 주시겠습니까?" 라고 부탁했고 스미스는 다시 반복해서 읽어 주면서 다른 부분도 계속 읽어 주었다. 스미스는 니콜라스에게 그의 삶의 목적이 있으면 무엇인가 물었을 때 시간을 오전 9시, 스미스가 감금된지 7시간이 지나고 있었는데 니콜라스는 스미스를 풀어주겠다면서 질문을 하였다. "나는 이제 어떻게 하면 좋겠습니까?" 스미스는 "당신 자신이 누구인가를 아는 것이 중요하다고 생각합니다"라고 대답해 주었다.

니콜라스는 새벽에 몇 시간 동안 스미스와 나눈 대화와 책의 내용을 통해서 자신의 삶의 목적이 무엇인가를 깨닫고, 스스로 경찰에 전화를 걸어 자진 신고를 한 것이다. 스미스는 후에 텔레비전 인터뷰에서 니콜라스에게 이런 말을 했다고 말하였다. "당신이 나의 아파트 앞에 차를 몰고 새벽에 온 것도 우연이 아니라 당신을 위한 하나님의 목적이 있었을 것입니다. 당신이 나를 만나고 삶의 목적을 깨닫고, 감옥에 수감되어 있는 많은 죄수들에게 하나님의 말씀을 전하도록 하기 위해서 하나님은 당신과 나를 만나게 해 주신 것입니다." 우리의 삶을 향한 하나님의 목적을 전해 준 것이 스미스가 살인범 니콜라스를 변화시킬 수 있었던 이유였던 것이다.

'목적이 이끄는 삶' 의 내용에는 기독교의 핵심적인 교리와 기본적 진리들을 모두 기록하고 있다.

> 첫째, 하나님은 인격적인 하나님이다.
>
> 둘째, 하나님은 우리 모두를 창조하였다. 하나님은 우리 각자를 위한 삶의 목적을 주시며 창조하셨고 우리가 태어나기 전에 정하신 것이다.
>
> 셋째, 하나님이 없다면 모든 사람은 죄 가운데 절망적으로 그리

고 삶의 진정한 목적을 모르는 무지가운데 살아갈 수 밖에 없다. 예수님은 우리의 죄를 위해 십자가에 죽기 위해 이 세상에 오신 것이다. 믿음으로 예수님의 십자가의 공로를 믿으면 영생을 얻고 또한 삶의 목적을 발견한다. 즉 하나님의 영광을 위해 살아가는 개인적인 삶의 목적을 깨닫게 되는 것이다.

넷째, 예수 그리스도를 주님으로 영접한 자에게는 하나님이 주시는 삶의 진정한 평강과 기쁨과 만족과 성취가 있다. 종교적으로만 믿는 것으로는 충분하지 않다.

다섯째, 하나님을 알고, 하나님을 사랑하고, 하나님을 섬길 때, 삶의 목적을 발견할 수 있다. 그렇기 때문에 하나님이 없는 삶은 무의미한 삶이 되는 것이다.

릭 워렌은 그의 책에서 자신의 삶을 포기하기로 결정할 때, 하나님을 위한 삶을 시작할 수 있다고 말한다. 그러나 자신을 포기할 수 있는 길은 오직 예수 그리스도를 영접하고 구원을 받은 후에 가능한 것이다. 예수 그리스도를 떠나서는 삶의 목적을 발견할 수 없다. 그 이유는 하나님은 우리의 날과 삶을 잘 알고 계시기 때문이다. "여호와여 나의 종말과 연한의 어떠함을 알게 하사 나의 연약함을 알게 하소서 주께서 나의 날을 손 넓이 만큼 되게 하시매 나의 일생이 주의 앞에는 없는 것 같사오니 사람마다 그 든든히 선 때도 진실로 허사 뿐이니이다" (시 39:4, 5). "우리는 그의 만드신 바라 그리스도 예수 안에서 선한 일을 위하여 지으심을 받은 자니 이 일은 하나님이 전에 예비하사 우리로 그 가운데서 행하게 하려 하심이니라" (엡 2:10).

"목적이 이끄는 삶" 이야기 II

릭 워렌 목사는 자신과 자신의 인생과 자신의 사역이 가장 중요한 목적에 따라 사는 인생, 즉 하나님에 의해서 결정된 목적에 따라 살아가는 인생이 되면 나머지는 자연히 이루어지리라는 것을 확신하고 있다. 그는 긴급한 일이 아닌 목적에 이끌리는 인생을 살고 있다. 릭 워렌 목사나 새들백에서 교회를 개척할 때, 그는 기존 교인들의 범위를 벗어나서 불신자들에게 복음을 전하고 기독교 공동체를 만드는 것이 그의 사역의 목적인 것을 분명히 알고 있었다. 그는 처음에 복음 전도에 대한 열정을 가지고 사역하면서 인생의 목적이 무엇인가에 대한 가장 기초적인 진리들을 성경에서 발견하면서 그의 사역과 오늘의 '목적이 이끄는 삶' 을 쓰게 되는 원동력이 된 것이다. 릭 워렌 목사 자신의 목적이 새들백교회 전체 교인들의 목적이 되었고, 그리고 더 나아가 전 세계 수많은 사람들의 인생 목적이 된 것이다.

'목적이 이끄는 삶' 은 여섯 부분으로 되어 있는데, 자기 인생의 사명을 발견하도록 안내해 준다. 첫번째 부분은 "나는 왜 이 세상에 존재하는가?" 라는 질문을 중심으로 이루어졌다. 이 문제에 대한 답은 이어지는 다섯 부분에 나누어 제시된다. 그 다섯 부분이 바로 그리스도인의 다섯 가지 인생 목적에 대한 개요를 설명해 주고 있다. 릭 워렌 목사는 독자들이 이 다섯 가지 인생의 목적과 그 의미를 충분히 이해하도록 하기 위해서 각 부분을 40개 장(40일 동안 묵상하도록)으로 나누어서, 다섯 가지 목적 가운데 한 가지 목적을 더 세분하여 더 깊이 생각하도록 구성하였다.

"목적이 이끄는 삶" 첫 주(1-7일)

첫주에는 "나는 왜 이 세상에 존재하는가?"라는 질문을 가지고 생각하게 되어있다. 릭 워렌 목사는 이 문제에 대한 열쇠는 이 세상에서의 삶은 일시적이라는 것을 깨닫는 것이라고 말한다. 이 세상에서의 일시적인 삶을 영원한 삶과 비교해 본다고 하면 지금 당하고 있는 여러 가지 환난과 시련도 순식간에 지나가는 일이라는 사실을 알 수 있다고 말한다. 그래서 그는 그리스도인이 이 세상에서 완전한 만족을 누리지 못하는 것은 당연하다고 말하면서, 이 세상 사는 동안에 하나님께서 우리의 모든 삶을 주관하신다는 사실을 알게 될 때 마음의 평화를 누리고 더 거룩한 삶을 살 수 있다고 주장한다. 그는 세상의 부를 좇는 사람을 가리켜 허무한 목적을 따르는 사람이라고 말한다. 그리스도인들을 언제나 자신을 새롭게 창조하려고 노력함으로써 영원한 세계에 대비하여 우리 자신을 준비해 나가야 한다고 말한다.

"목적이 이끄는 삶" 둘째 주 (8-14일)

둘째 주에서 릭 워렌은 그가 말하는 인생의 다섯 가지 목적 가운데 첫 번째 목적을 제시한다. 그것은 "당신은 하나님의 기쁨을 위하여 계획되었다"라는 것이다. 릭 워렌 목사는 하나님께서 우리가 드리는 예배를 기뻐하신다고 말한다. 하나님께서 삶의 중심이 되도록 자신을 온전히 내어 드리고 굴복하는 것이 중요하다고 말한다. 그렇게 하기 위해서는 먼저 기도를 통하여 하나님과 끊임없는 교제가 있어야 하고, 성경에 있는 하나님의 말씀을 묵상하는 일이 절대적으로 필요하다고 말한다. 이 부분에서 특히 릭 워렌 목사는 어떤 방법이나 특정한 스타일의 예배를 다른 방식과 비교하여 특별히 강조하지 않는다는 사실이다. 그렇기 때문에 그는 자신의 교회에서 예배에 전통적이 음악이 아닌 다른 음악을 사용하는 것을 지지한다. 새들백교회에서 사용되는 음악의 장르는 재즈, 록, 컨트리 등 자신과 예배자들을 연결시켜 줄 수 있는 모든 장르의 음악을 다 사용한다. 그는 교회에서 익숙하게 들었던 오르간 중심의 찬송가에 집착하지 않으면, 특별히 기독교적인 음악이 있다는 사실을 인정하지 않는다.

릭 워렌 목사는 인생에 영적으로 메마른 시기가 있음을 경고하면서 이 때 낙심과 좌절감이 생기는 경우가 있는데, 언제나 하나님께서 함께 하고 계심을 기억하고 신실하신 하나님을 향한 믿음을 가지고 나간다면 어떤 시련이 와도 극복하게 될 것이라고 말한다.

"목적이 이끄는 삶" 셋째 주 (15-21일)

릭 워렌 목사는 이 주간에 인생의 두 번째 목적을 제시한다. 즉,

"당신은 하나님의 가족으로 태어났다"는 것이다. 하나님께서는 인간을 하나님의 가족의 일원으로 되게 하시기 위해 창조하셨으며, 사람들이 그런 그리스도인이 되는 법을 배우도록 하기 위해서 세상에 예수님을 보내셨다고 말한다. 그리고 예수를 믿는 하나님이 우리의 아버지가 되어 주시고, 모든 그리스도인들이 형제 자매가 되고, 세상의 모든 교회가 우리의 영적인 가족이 된다고 말한다.

그러나, 여기서 조심해야 할 부분이 있다고 말한다. 하나님께서 모든 사람을 창조하셨지만, 자동적으로 하나님의 영적 가족이 되는 것이 아니라는 사실이다. 반드시 예수를 믿고 거듭나고 세례를 통해서 진정으로 하나님의 자녀가 되어야 한다. 릭 워렌 목사는 세례가 그리스도인이 받아도 되고 안 받아도 되는 것이 아니라 반드시 받아야 하는 것이라고 말한다.

릭 워렌 목사는 교회의 일원이 되는 것이 건강하고 거룩한 인생을 살아가는 데 반드시 필요한 요소임을 지적하고 있다. 교회는 우리가 하나님께 초점을 맞추도록 도와주고, 성도들과의 교제에서 인생의 문제를 해결하는데 도움이 되고, 교회를 통해서 제자훈련을 받아 믿음이 강화되면, 은사를 가지고 사명을 감당하도록 만들어 주는 것이다. 즉, 교회의 일원이 되는 것이 악한 세력으로부터 안전하게 지켜주는 중요한 일이라고 말한다. 그는 우리가 단지 하나님을 믿는 것이 아니라, 하나님께 속하는 것이 또한 중요하다고 말한다.

'교제'는 '목적이 이끄는 삶'의 3주차 핵심 단어이다. 교제는 예배후에 차를 함께 마시고 시시한 이야기를 주고 받는 것이 아니라, 릭 워렌 목사는 교제는 소그룹을 통해서 자신들이 진솔하게 자기 영혼의 문제까지 드러내며 공개적으로 나눌 수 있는 것이라고 말한다. 그는 진정한 교제란 자신을 완전히 공개함으로써 오히려 상처를 받을 수 있고 수치스러운 감정이 생기게 될 위험이 있음을 알면서도 당신의 형제 자매들이 정죄하거나 판단하지 않을 것이라는 사실을 알기 때문에 자신을 공개할 정도로 서로 완전히 신뢰하는 것을 의미한다고 말한다.

그는 그리스도인들의 교제는 대화를 통해서 삶을 나누고 함께 성경을 공부하거나 구제사역에 동참하는 것 등 다양할 수 있지만, 가장 깊은 수준의 교제는 고통에 함께 동참함으로 이루어진다고 말한다. 그는 갈라디아서 6장 2절의 말씀을 인용하고 있다. "너희가 짐을 서로 지라 그리하여 그리스도의 법을 성취하라" 서로 교제하는 형제 자매들은 다른 그리스도인들이 환난의 문제를 당하여 어려워하는 것을 보게 찾아 보는 것으로 끝나는 것이 아니라, 교회 안에서 깨어진 서로의 관계를 돌아보면서 그 관계를 회복시켜 주어야 할 책임도 있다고 말한다. 그는 이 소그룹 교제를 '셀' (cell) 즉, '세포' 라고 부르며 그 세포들은 그리스도의 몸 안에 있는 세포에 비유한다. 우리 몸의 여러 지체가 일하여 신체적으로 생명을 유지할 수 있듯이, 이 소그룹들이 함께 움직여서 교회가 생명을 유지할 수 있게 되는 것이다.

"목적이 이끄는 삶" 넷째 주 (22-28일)

넷째 주의 주제는 "당신은 그리스도를 닮도록 창조되었다" 라는 것이다. 성경은 모든 사람들이 다 하나님의 형상을 닮도록 창조되었다고 말한다. 특히 그리스도인들은 자기 안에 경건한 습관을 형성하기 위해 노력해야 한다. 우리는 생각하고 추론하며, 주고 받으며, 사랑하고, 참과 거짓을 구분할 수 있는 능력을 가지고 있는데, 이런 능력이 바로 우리를 하나님 앞에서 책임 있는 존재로 만들어 준다. 그리스도인들은 이 세상에서 행복하고 건강하게 사는 것이 삶의 목적이 아니라, 영적인 발전이 있다고 말한다. 그리스도인은 이전에 행하던 행동방식을 버리고 성령께서 사고 방식을 변화시키시도록 자리를 내어 드리며, 그리스도의 영 안에서 새로운 습관을 개발해야 한다고 말한다. 그는 한 사람의 인격은 그 사람의 습관의 총화라고 말한다. 그는 성경을 단지 읽기만 할 것이 아니라 성경이 가르치는 바를 믿고 그대로 살아야 한다고 충고한다. 이와 같이 그리스도를 닮는 삶으로 인생을 바꿔나가는 데는 시간과 노력이 필요하다.

'목적이 이끄는 삶' 넷째 주에서 가장 주목할 만한 것은 '성장한다' 라는 것이 '하나님께 도움을 청할 줄 안다' 라는 것을 의미한다는 것이다. 그는 '하나님께서는 우리가 유혹에 넘어가지 않고 피할 수 있도록 도와 주시기 위해서 '기도' 라는, 24시간 내내 열려있는 직통 전화선을 운영하신다' 고 말한다. 그는 이 사실을 강조하기 위해서 마틴 루터가 했던 말을 인용하고 있다. "나에게 찾아왔던 유혹과 시험들이 바로 나의 신학석사 학위증이 되었다." 우리가 어디로 가서 도움을 청해야 하는지 알고 있는 이상, 우리에게 다가 오는 그 어떤 유혹과 시험이라도 이겨낼 만큼 강해질 것이다.

"목적이 이끄는 삶" 다섯째 주 (29-35일)

이 주간에는 "당신은 하나님을 섬기기 위해 지금의 모습으로 지음을 받았다"라는 주제를 진지하게 생각해 보도록 한다. 그리스도인들이 예수님의 가르침을 따르기로 결심했다면 이제는 하나님의 거룩한 가족에게 진정으로 기여해야 한다는 지상 과제를 받아 들여야 한다는 것이다.

릭 워렌 목사는 이 점을 강조하기 위하여 'SHAPE' 라는 단어를 만들어 소개했는데, 이때 알파벳 첫 글자를 따서 그리스도인들이 자신의 '영적인 은사' (Spiritual gifts), '마음' (Heart)과 '능력' (Abilities)과 '성품' (Personality) 그리고 '경험' (Experience)으로 하나님을 섬겨야 한다고 강조했다. 이러한 섬김을 위해서는 자신의 인생을 좀더 편안하게 만들려는 마음을 버리고 다른 사람들을 섬기는 일에 전념해야 한다고 말한다.

우리는 기회가 올 때마다 선을 행해야 하는데 특별히 믿는 사람들의 가족에게 더욱 그렇게 해야 하며, 우리 자신의 행복이 위태롭다고 느껴지더라도 그렇게 해야 한다고 릭 워렌 목사는 말하고 있다. 하나님은 수많은 눈송이들을 다르게 만드시는 것처럼 세상의 모든 사람들을 다르게 만드셨다고 말한다. 일단 우리 자신이 하나님의 종이 되었다는 사실을 인정한 후에는 우리는 반드시 우리의 독특한 방식으로 하나님을 섬길 것을 기대하신다고 말한다. 우리의 특별한 은사나 기술이 무엇이든지 간에 그것은 교회를 섬기기 위해 사용될 수 있으면 또 그렇게 사용되어야만 한다고 말한다.

릭 워렌 목사는 '목적이 이끄는 삶' 다섯째 주에서 하나님을 섬기는 일에 헌신된 그리스도인이라면 재물을 신봉하지 말아야 한다고 강조한다. 그는 하나님의 나라를 건설하는 사람과 재물을 쌓는 사람에 대해서 언급한다. 후자의 경우는 자신을 위해 돈을 번다. 그러나 하나님 나라를 건설하는 사람은 다른 사람들에게 주기 위해 돈을 번다. 새들백교회 교인들 가운데에는 하나님의 나라를 확장시키는 일에 사용하기 위한 목적으로 자기들이 벌 수 있는 만큼 돈을 많이 벌기 위해 열심히 일하는 기업의 임직원들이 많이 있다. 이것이 하나님이 그의 교회에 주신 또 하나의 복이라고 릭 워렌 목사는 말한다.

"목적이 이끄는 삶" 여섯째 주 (36-40일)

마지막 이 주간에는 릭 워렌 목사가 다섯 가지 인생의 목적 가운데 가장 중요하게 생각하는 '당신은 사명을 위해 지음을 받았다'는 주제로 신자로서 그리스도인의 증인이 되는 것, 또 다른 사람들에게 자신의 삶의 체험을 나누어 주고 그들에게 교회에 나오도록 하는 것이 의무라는 사실을 배우도록 한다. 그는 그리스도인의 사명은 이 세상에서 예수님이 하셨던 사명을 지속하는 것이며, 복음을 전파하는 것은 모든 그리스도인들의 의무라고 말한다.

물론 릭 워렌 목사가 말하는 것은 모든 그리스도인들의 자기 직업을 그만두고 목사가 되어야 한다는 것은 아니다. 모든 그리스도인들은 어디를 가든지 간에 다른 사람들에게 예수 그리스도의 소식을 전해야 할 책임이 있다는 것을 의미한다. 마지막이자 가장 긴 장에서 릭 워렌 목사는 독자들에게 복음을 전하는 실제적인 방법을 50년간 신실하게 목회했던 자신의 부친인 지미 워렌에게 받은 영향을 예를 들어 설명하고 있다. 지미 워렌 목사는 임종의 순간에도 "예수님을 위해서 한 사람에게라도 더 복음을 전해야 한다. 예수님을 위해서 한 명이라도 더 구원해야 한다"라고 반복해서 말했다고 한다. 릭 워렌 목사는 자신이 부친의 임종의 순간을 지금도 생생하게 기억하며, 그 말이 날마다 그의 사역에 동기를 부여해 준다고 말한다.

릭 워렌 목사는 자기 인생의 목적이 무엇인지 분명히 정의한다. 그는 자신이 존재하는 목적은 믿지 않는 사람들에게 나아가 전도하고, 아직까지도 인생의 의미를 어디서 발견해야 하는지 몰라 찾아 헤매고 있는 사람들을 그리스도인의 가족이라는 교회 안으로 데려 오는 일이라고 말한다.

미국의 수많은 사람들이 "목적이 이끄는 삶"을 통해서 하나님의 존재를 믿고, 영적인 삶을 새롭게 시작하고 있다. 특히, 감옥에 수감되어 있는 죄수들이 이 책을 읽고 변화를 받아 그들이 과거의 범죄를 회개하고 하나님께 나오고 있다. 그리고, 영적으로 침체에 빠져 있는 그리스도인들이 새로운 영적인 힘을 얻고 하나님을 사랑하고 섬기는 삶 속에서 기쁨과 확신의 생산적이고 의미 있는 삶을 살아가고 있다.

성경이 약속하고 있는 그리스도인의 삶은 이러한 삶이라고 워렌 목사는 말한다. 고난 중에서 기쁨과 평강이 있고, 하나님께서 주신 삶의 목적을 발견할 때 자신의 장점과 단점을 그대로 인정할 수 있고, 또한 자신이 누구인가를 알고 겸손히 하나님을 섬길 수 있는 삶이다.

삶과 세상과 이웃들과 모든 사람들을 성경적인 관점에서 볼 수 있다. 모든 환경과 상황 속에서 하나님과 그의 목적을 최우선에 둔다. 삶에 대한 감사와 감격이 더욱 넘치게 된다. 악한 것 보다는 선하고 아름다운 것을 선택하게 된다. 세상을 기쁘게 긍정적으로 그리고 적극적으로 섬겨나갈 수 있다.

릭 워렌 목사의 신앙과 교리에 대한 질문을 제기하는 그리스도인들이 미국에 많이 있다. 특히, 그가 저술한 '목적이 이끄는 삶'의 내용에 대해서 문제를 제기하고 있다. 어떤 분은 이단이라고 까지 규정하기도 하는데, 이러한 사람들 대부분은 교회에 큰 영향을 미치는 데 대한 부정적인 견해를 가지고 있는 사람들이다.

릭 워렌 목사는 완전한 사람인가? 결코 아니다. 그의 말 한 마디 한 마디를 모두 기록하고 그의 행동을 조사해 본다고 하면 많은 문제를 발견할 수 있다. 릭 워렌 목사의 가장 가까운 친구 중에 하나는 그는 자기와 한 약속을 안 지킨 적이 있다고 말하는 것을 들어 보았다. 그도 다른 사람과 마찬가지로 하나님의 은혜로 구원 받은 죄인인 것이다. 새들백 교회도 완전하지 못하다. 그 이유는 불완전한 사람들이 모인 곳이기 때문이다. 문제가 있고 불완전하다고 반드시 이단의 교주나 거짓 선생이나 거짓 선지자로 생각해서는 안 된다.

삶을 통해 하나님의 사랑을 보여주다

2005년 뉴욕 타임스에서 릭 워렌을 미국의 가장 영향력있는 대표적인 목사라고 부르고 있는데 대해 그는 겸손히 하나님께서 자신을 더 잘 섬기는 목사가 되라고 그러는 것으로 본다고 대답을 하였다. 그리고 그는 하나님께서 어떤 명예를 주신다고 하면 그것은 자신을 위한 것이 아니라, 하나님의 영광을 위해 사용해야 한다고 하였다. 그리고 섬김은 유복함이 아니라 영향력이라고 말한다.

2000년 9월 29일 새들백교회 리더십 컨퍼런스에서 릭 워렌 목사는 이런 말을 하였다. "하나님 나를 깨뜨려 주옵소서, 나는 하나님이 주신 사명을 감당하기 위해 나의 생명을 다 바치겠습니다. 당신의 목적을 위해 나의 모든 존재를 헌신하기 원합니다. 나는 당신의 목적을 위해 나의 모든 것을 포기하겠습니다. 오늘부터 나의 모든 남은 생애를 당신의 뜻대로 살아가기를 원합니다. 나는 나의 유익이나, 다른 사람을 기쁘게 하는 삶이 아닌, 하나님의 목적에 이끌린 삶을 나 자신이 헌신적으로 살아가겠습니다. 나는 하나님이 주시는 목적에 이끌린 삶을 살아가겠습니다."

▲ 2005년 아내와 함께

릭 워렌 목사는 그의 삶에 두 가지 목표가 있다고 하였다. 첫째는 평생 동안 새들백교회 한 교회만을 목회하는 것이다. 목회자가 한 교회에서 장기간 목회하는 것이 안정적이고 건강한 교회를 세우는 비결이라고 믿고 있다. 그는 교인들의 자식들이 아기를 낳으면, 그 아이가 교회 안에서 자라서 예수를 믿고 세례를 받고 결혼을 하고, 또 자식을 낳고, 세례를 받고 계속해서 교회 안에서 대가 이어져 나가는 것을 보는 것이 소원이라고 하였다. 그는 목회하는 것이 즐겁고, 목회자의 마음을 가지고 교회를 사랑하고 목양하는 것이 자신의 꿈이라고 말한다.

다른 하나의 목적은 목회자들을 훈련하는 것이다. 그는 목회자들을 돌보고, 특히 평범한 교회와 평범한 목회자를 돌보며 훈련하는 것이다. 릭 워렌 목사가 '목적이 이끄는 교회'를 저술한 이유도 여기에 있다. 특별히 미국에는 주중에 40시간이나 일하면서 작은 교회를 별도로 섬기는 목회자들이 많이 있는데, 그들을 위해서 훈련하는 것이 자신의 삶이 목적이라고 하였다. 릭 워렌 목사 자신이 어려서 작은 시골 교회에서 성장하였기 때문이다.

새들백교회가 개척 후 첫 10년은 지역교회로서 성장하였다. 즉 80년에서 89년까지 건강한 교회의 모델로 성장한 것이고 90년에 들어와서 미국에서 주목을 받는 교회로 성장하면서 하나님의 많은 축복을 받았다. 그래서 하나님이 주신 축복을 다른 교회들과 함께 나누기 위해서 목회자들 위한 컨퍼런스를 개최하고 목회자들을 훈련하기 시작하였다. 21세기 들어와서 새들백교회가 전세계적인 교회로 알려지게 되었다. 제3세계의 수백만 명 교회지도자들이 전혀 목회훈련을 받지 못하고 있고, 특히 아프리카와 같은 곳에서 대부분의 목회자들이 고등학교, 대학교, 신학교 훈련을 전혀 받지 못한 것을 알고 그들을 위해 새들백교회에서 목회자 훈련 프로그램을 개발하게 된 것이다.

몇년 전 세 가지 사실이 릭 워렌 부부의 삶을 변화시켰다. 첫째는 "목적이 이끄는 삶"의 성공적인 출판이고, 둘째는 아내 케이의 삶의 변화이고, 셋째는 아프리카 여행에서의 경험이다.

"목적이 이끄는 삶"이 성공적으로 출판되면서 많은 수입이 생기는 것을 알고 있는 사람들이 릭 워렌 목사의 사생활과 목회에 대해 악평하기 시작하였다. 릭 워렌 목사는 하나님께 이 수입을 어떻게 현명하게 사용해야 하는가를 묻는 기도를 시작하였다. "하나님, 이 주신 물질의 축복을 가지고 우리 부부가 어떻게 사용하기 원합니까? 하나님이 우리에게 물질을 주시는 것은 우리 자신의 명예나 개인적인 이기적인 삶을 위해 주신 것이 아니라고 생각합니다. 이러한 물질을 주신 것은 하나님께 봉사하라고 주신 것입니다. 하나님, 당신이 주신 물질과 당신이 주신 말씀의 축복을 가지고 우리가 무엇 하기를 원하십니까?"

릭 워렌은 물질은 자신을 위해 주신 것이 아니라고 말한다. 릭 워렌 목사는 하나님께 "하나님, 돈과 나의 영향력을 가지고 무엇을 해야 하는지 보여 주십시오"라고 기도하였다. 이때 하나님께서 신약에서는 고린도전서 1장 9절, 구약에서는 시편 72편의 말씀을 주셨다. 이 말씀을 가지고 릭 워렌 목사 부부는 물질에 대한 5개항의 결정을 내렸다.

첫째, 우리는 삶의 스타일을 전혀 바꾸지 않는다. 우리는 더 큰 집이나 새로운 집을 사지 않는다. 릭 워렌 목사는 지금도 4년된 중고 포드 자동차를 타고 다니고 있다. 별장을 사지 않고 요트를 소유하지 않는다.

둘째, 교회에서 사례비를 받지 않는다. 릭 워렌 목사는 3년 전부터 교회에서 일체 사례비를 받지 않고 있다. 담임목사로서 일하면서 자원 봉사자로 사역하고 있다.

셋째, 25년 동안 교회에서 준 사례비 모두를 다시 교회에 다시 환원해서 헌금하기로 한 것이다. 이 소식을 들은 어떤 잡지사에서 인터뷰를 요청해서 인터뷰를 하는데 첫 번째 질문이 '당신의 사례비는 얼마입니까?' 라는 것이었다고 릭 워렌은 말한다. 그는 "지난 25년 동안 나는 교회를 자원해서 봉사해 온 것으로 생각합니다."라고 대답하였다. 많은 사람들은 대형 교회 목회자들은 돈이 많은 부자라고 생각한다. 릭 워렌 목사가 25년간의 모든 사례비를 환원한 것은 하나님께서 물질의 축복을 주셨기 때문이다. 그는 다른 목회자들도 그와 같은 입장에 있게 되면 자기처럼 할 것이라고 말한다. 그는 그렇게 모든 사례비를 환원하여 헌금한 것이 거룩하고, 영적인 일이라고 생각하지 않

▲ 2005년 새들백교회20주년기념예배에서

지 않고 있다. 새들백교회에는 많은 봉사자들이 자원해서 사례비 없이 봉사하고 있기 때문이다.

넷째, 목회자들을 훈련하기 위해 세 개의 재단을 설립했다. 하나는 목회자 훈련을 위해서, 다른 하나는 평화(P.E.A.C.E.) 재단으로, 다른 하나는 에이즈 환자를 위한 평화 재단으로 설립했다. 지금 릭 워렌 목사 부부는 수입의 90%를 재단을 위해 헌금하고, 수입의 10%를 가지고 살아가고 있다. 릭 워렌 목사 부부가 지난 2004년에 일반 자선 단체에만 헌금한 액수만 1,300만불이 넘는다.

릭 워렌 목사는 하나님께서 시편 72편의 솔로몬의 물질의 축복을 위한 기도를 읽게 하시고 그 말씀을 통해서 많은 교훈을 받았다고 말한다. 이 시편은 개인의 성공, 물질의 복과, 명예와 권세를 위해 기도처럼 보이는 말씀이다. 그러나, 솔로몬 왕은 이 모든 축복으로 과부와 고아를 돌보고, 압박 받는자와 힘없는 자들, 그리고 옥에 갇힌 자들, 외국인들 등을 돌보겠다고 기도하고 있다.

하나님께서 물질의 복을 주시는 것은 영향력을 행사할 수 없는 자들을 위해 일하라고 주시는 것이라고 워렌 목사는 말한다. 이 기도문이 릭 워렌의 삶을 크게 변화시킨 것이다. 이 말씀을 읽고 난 다음에 그는 이렇게 말했다. "나는 하나님 앞에 크게 회개했습니다. 그러면서, '하나님, 나는 과부와 고아를 생각해 본 적이 거의 없습니다. 그들은 나의 사역의 대상이라고 생각한 적이 거의 없습니다. 나는 부자 동네에서 나의 교회를 키우려고 하였습니다. 하나님 회개합니다'" 라고 기도한 것이다. 사실 새들백교회가 위치한 지역에는 노숙자 한 사람을 찾아 볼 수 없는 부유한 사람들이 많이 살고 있는 지역이기 때문이다. 그리고 계속해서 그는 하나님께 기도하였다. "하나님, 죄송합니다. 성경에 가난한 자에 대해 2000구절 이상 말씀하고 있는데, 이 사실을 잘 몰랐습니다. 내가 지금까지 교육을 받고 교리를 공부했는데도 잘 깨닫지 못했습니다."

릭 워렌 목사가 시편 72편을 읽기 6개월 전에 그의 아내 케이는 타임 잡지에 기재된 아프리카 에이즈에 관한 기사를 우연히 읽게 되었다. 이 에이즈에 관한 기사의 한 줄이 케이의 마음을 사로 잡은 것이다. 그 내용은 "1,200만명의 고아가 에이즈에 감염되어 있다". 지금까지 그의 아내는 한 번도 1,200만명의 고아들이 에이즈로 아무 것도 할 수 없이 죽어 가고 있다는 생각을 해 본 적이 없었다. 하나님께서 그의 아내에게 이렇게 말씀하셨다고 한다. "너는 내가 원하는 일을 하는데 도구가 되기를 원하는가? 아니면 너의 계획대로 살아가기를 원하는가?"

케이는 원래 목사의 딸이기 때문에 목회자 아내가 되어서 교회에서 장년들에게 성경을 가르치고, 주일학교 어린이들을 가르치면서 가정을 꾸려나가는 훌륭한 목회자 사모가 되는 것이 꿈이었다. 그런데 케이가 에이즈에 걸린 아프리카의 아이들을 위한 사역에 대한 하나님의 음성을 듣고 난 다음에, 릭 워렌이 하나님의 감동을 받아 시편 72편을 읽기 6개월 전에 이미 그의 아내는 아프리카의 에이즈 환자들을 위해 헌신하기로 혼자 마음에 결단을 내린 것이다.

아내의 비전이 자신의 비전은 아니지만, 아내의 비전에 따라서 함께 일하는 것이 하나님의 뜻이라는 것을 릭 워렌 목사는 깨달았다. 그는 또 다른 하나님이 주신 사명감으로 불타 오르기 시작했다. "이제 내가 이 사역을 감당하여야 하겠다. 만일 내가 에이즈에 대해 말하지 않고 일하지 않는 것은 마치 300년 동안 노예제도에 대해 말하지 않는 과거의 교회와 같다. 후대에 교회는 이 문제에 대해 어떻게 말할까? 역사상 가장 무서운 질병에 관해 교회가 무관심한 수치스러운 죄를 지었다고 말할 것이다."라는 생각을 가지고 아프리카의 에이즈 환자를 위한 사역을 하게 된 것이다.

릭 워렌 목사 부부는 "목적이 이끄는 교회" 교회 지도자 컨퍼런스를 아프리카에서 인도하면서 무려 9만명 이상의 목회자들을 훈련시켰다. 집회 기간 중에 한 번은 75명이 모이는 천막교회를 방문하게 되었는데, 거기에는 에이즈에 감염된 25명의 고아 어린이들과 어른 50명이 모여 있었다. 그들은 릭 워렌 목사 부부를 보자마자 매주일 워렌 목사의 설교와 강의를 인터넷 방송을 통해서 듣고 배우기 때문에 낯이 설지 않다고 말하였다고 한다.

그런데, 그들이 지금까지 받은 교회 지도자 교육과 훈련은 워렌 목사의 인터넷 강의 뿐이라고 말한 것이다. 여기서 워렌 목사는 이 아프리카에 있는 이러한 교회지도자들과 사람들을 위해 남은 생애를 바쳐야 하겠다고 하나님과 약속을 하게 된 것이다. 그들의 문제는 가난, 문맹, 직업 훈련, 교육, 건강 등 해결하기 어려운 문제들을 안고 평생을 살아가고 있는 것이다.

워렌 목사가 추진하고 있는 또 하나의 사역이 있는데, 그 이름은 평화플랜이라는 것이다. 영어로 그 내용의 첫자를 따서 PEACE로 표기한다. 즉, 첫째는 교회를 세워 나는 것 (Plant churches), 둘째는 교회 지도자를 훈련시키는 것 (Equip servant leaders), 셋째는 가난한 자를 도와 주는 것 (Assist poor), 넷째는 병든 자들을 돌보는 것 (Care for the sick), 다섯째는 다음 세대를 교육시키는 것(Educate the next generation)이다.

▲ 25주년 기념예배 직전 사역자들을 위한 사적인 식사자리에서 분위기 띄우는 릭.

릭 워렌 목사가 자신의 목회 사역 3기에 시작하고 있는 전 세계적인 평화 계획의 일부를 소개하면 다음과 같다.

첫째, 교회를 개척한다(Plant churches)

교회 개척을 첫 번째로 언급하는 것은 하나님이 하시는 일이 교회를 세우는 일이며, 교회를 세우는 것이 악과 싸우는 첫 번째 단계이기 때문이다. 그는 특별히 현재 교회가 없는 곳에 가서 교회를 세워야 할 필요가 있다고 강조한다. 새들백교회는 개척이후에 남부 캘리포니아에만 36개의 교회를 개척했으며, 수많은 개척교회를 지원했다. 릭 워렌 목사는 어떤 기독 서점의 사장은 매년 직원들을 10일간 해외로 파견하여 지금까지 131개 교회를 세웠다는 이야기도 들려 주었다.

그는 수백만의 사람들이 예수 그리스도의 이름을 들을 수 있도록 도울 수 있는 유일한 방법은 전 세계에, 장소가 어디가 되었든 간에,

수백개의 교회를 세우는 것이라고 말한다. 교회를 개척하기 위해서 반드시 건물이 필요한 것은 아니라고 한다. 새들백교회가 개척하면서 건물이 없었기 때문이다. 그들이 교회를 건축하기도 전에 이미 1만명 이상이 모이는 교회로 성장한 것이다. 그래서 새들백교회 교인들은 전도하면서 이런 말을 주고 받기도 했습니다. "여러분은 우리가 이번 주에 어디서 모이는지 알아야 우리 교회에 나올 수 있을 것입니다"

둘째, 지도자를 준비시킨다(Equip leaders)

릭 워렌 목사는 우리 자신이 좋은 지도자가 되어야 할 뿐 아니라, 다른 사람들이 좋은 지도자가 될 수 있도록 훈련시켜야 한다고 말한다. 새들백 교회는 지난 25년 동안 교회가 계속해서 성장하려면 배운 것을 다른 사람들에게 전해야 한다는 사실을 깨달았다(딤후 2:2). 릭 워렌 목사는 이 일이 시급하고도 중요한 사역이라는 증거로 해외의 상당수 그리스도인들과 사역자들에게 성경조차 없다는 사실을 자주 강조했다. 릭 워렌 목사는 지도자 훈련을 매우 중요하게 생각하고, 새들백교회에 저명한 강사를 초빙하여 교인들에게 가정과 직장과 학교와 교회에서 영향력 있는 지도자가 될 수 있는 방법을 훈련하는 과정을 마련하기도 한 것이다.

셋째, 가난한 사람들을 도와준다(Assist the Poor)

릭 워렌 목사는 하나님께서 가난한 사람들의 편에 계시며, 가난한 사람들을 어떻게 대하느냐가 바로 우리의 믿음에 대한 시금석이라고 믿는다. 그는 신앙이란 어떻게 기도하고 믿는가에 대한 문제가 아니라 우리가 궁핍한 사람을 어떻게 대하는가의 문제라고 말한다. 그는 월드비전의 연구 보고서를 인용하여 누군가 적은 돈이라도 빌려 준다면 빈곤에 시달리는 상황에서 벗어날 수 있게 되는 사람이 전 세계에 6억 명에 달한다고 말했다. 또 하나님께서 가난한 사람들을 돕는 이들을 축복하신다고 설교한다.

넷째, 병자를 치료해 준다(Cure the sick)

매일 2만 7천명의 어린이들이 치료 받으면 생명을 건질 수도 있는 병으로 죽어가고 있다. 어린이 사망의 가장 큰 원인은 오염된 식음료이며, 두 번째 원인은 말라리아 감염인 것으로 알려졌는데, 이 두 가지가 모두 예방이 가능하다고 한다.

2005년 4월 17일 새들백교회 25주년 기념대회가 아나하임 에인젤스 야구장에 모였는데, 이 때 3만명의 새들백 교인들은 이 평화계획을 가지고 기독교영성을 전 세계에 전하기 위해 릭 워렌 목사와 함께 온 교인이 하나님 앞에서 서약하였다.

릭 워렌 목사 부부가 아프리카 집회를 인도하면서 여행하는 중 어느 날 밤에 인간에게 가장 큰 문제는 무엇일까 생각하며 기도하는 중에 그리스도인들이 반드시 정복해야 할 다섯 가지의 문제가 있다는 하나님이 주시는 환상을 보게 되었다.

첫째는 영적인 공허의 문제이다. 사람들은 영적으로 방황하고 있다. 사람들은 예수 그리스도의 이름을 모르고 살아가고 있고 그리스도 없이 사람들은 모두 멸망의 길에 설 수 밖에 없다. 사람들은 예수가 그들을 구원한다는 진리를 모른체 살아가고 있다. 사람들은 자신들이 우연히 이 세상에 살아가는 존재가 아니라는 사실을 모르고 있다는 것이다.

둘째, 이 세상에는 이기적인 지도자들이 많이 있다는 것이다. 예수님과 같이 다른 사람을 섬기는 지도자들이 없다는 것이다. 목회자들이 그들의 양들을 위하여 자신의 생명을 내어 놓지 않고 있고 양들은 목회자들을 위해 존재하고 있다고 생각하는 교회 지도자들이 많이 있다는 것이다. 예수님과 같은 섬기는 지도자가 되는 훈련을 받지 않으면 결코 이러한 문제는 해결 되지 않는다고 생각한 것이다.

셋째, 이 세상에는 가난의 문제가 있다는 것이다.

넷째, 이 세상에는 질병의 문제가 있다는 것이다. 치유할 수 있는 질병들이 많이 있는데 사람들이 치유 받지 못하고 있는 것은 교회 목회자들의 지도력 때문이라고 릭 워렌은 생각하는 것이다. 교회 목회자들이 이러한 질병의 문제를 해결하려고 노력한다면 얼마든지 환자들을 치유할 수 있다는 것이다. 에이즈는 아직 불치의 병이지만, 100 퍼센트 예방할 수 있는 질병이기 때문에, 교회 지도자들이 함께 노력한다면 얼마든지 에이즈가 더 확산 되지 않도록 예방할 수 있다는 것이다.

다섯째, 이 세상에는 문맹과 교육문제가 있다는 것이다. 전 세계 인구의 절반은 글을 모르고 살아간다는 것이다. 릭 워렌은 이 러한 세상의 문제들을 가지고 성경을 앞에 놓고 하나님께 물었다. "하나님은 이러한 문제들의 당신의 계획은 무엇입니까?" 하나님은 나에게 예수님께서 70 제자들을 둘씩 짝지어 각 동리로 가서 복음을 전하게 하신 말씀인 누가복음 10장의 말씀을 보여 주셨다. 즉 화평의 사람들을 예수님은 각 동리마다 보내신 것이다.

새로운 21세기 개혁운동을 시작하다

2002년 미국의 대표적인 기독교 잡지 "오늘의 기독교"(Christianity Today)는 릭 워렌 목사를 '미국의 가장 영향력있는 목사' 라고 불렀다. 그리고 현대의 '마틴 루터' 라고 하면서, 그의 개혁사상은 건강한 교회를 세워 나가는 새로운 개혁운동을 주도하고 있다고 말한 적이 있다.

반면에 워렌 목사가 사회적인 봉사를 많이 한다는 소문이 나갈 때 그의 신앙관과 신학에 대해서 오해하는 사람들이 있었다. 워렌 목사가 사회복음주의를 주장하는 목회자라는 것이다. 다시 말해서 자유주의 신학 입장에서 영혼 구원보다 실제 우리의 사회적인 삶을 책임지는 것이 복음이라고 말하는 것처럼 그의 사역이 사회 복음주의 경향으로 기울어져 간다는 비판이 있다. 사회복음주의 입장에서는 우리가 예수의 피로 구원받는 것이 중요한 것이 아니라, 우리는 사회를 변화시켜서 사람들이 더 잘 살 수 있도록 해야 한다는 것이다. 릭 워렌은 이러한 모든 고소에 대해 사회 복음주의는 종교의 형태를 가진 막스주의라고 말한다. 그리고 그는 사회복음주의는 19세기 말의 다원주의와 막스주의에 기초한 전형적인 현대 인본주의 철학이라고 말한다.

그러나 그는 교회는 항상 육신, 정신과 영혼의 문제를 항상 돌보아야 한다고 주장하고 있다. 교회는 반드시 모든 사람을 치유하고 돌보며, 사랑을 실천하는 것이 중요하다고 말한다. 육신을 떠나서 영혼만 치유할 수 없고, 영혼을 떠나서 육신만 치유할 수 없다고 말한다. 우리는 가난한 사람, 병든 사람, 눌림받고 사는 사람들을 반드시 돌볼 책임이 있다고 말한다. 예수님도 이 세상에 오셔서 가난한 자와 병든 자를 돌보아 주셨기 때문에 우리는 반드시 이 세상의 사회적인 모든 문제에 대해 책임을 지고 치유해야 한다고 워렌은 주장한다.

워렌 목사는 개신교는 극단적인 두 개의 날개로 나뉘어져 있다고 말한다. 하나는 사회복음을 주장하는 자유주의 입장의 교회가 있다. 이들의 주장은 돈이 많은 부자들이 자선 단체에 헌금을 많이 하게 되면 사회의 모든 문제들이 해결된다고 말한다. 그러나 그는 거기에는 복음이 없다고 말한다. 복음이 없는 자선행위는 가난한 자들을 도왔다는 양심의 위로와 사회의 정의를 위해 일하는 인간적인 봉사 밖에 없다고 말한다.

반대로 다른 한 쪽에는 오직 영혼 구원에만 관심을 쏟는 근본주의 입장의 교회들이 있다고 워렌 목사는 말한다. 그들은 강단 앞에서 나와서 결신하여 구원받으면 끝난다고 믿는다. 구원이 모든 것의 목적이라고 주장한다. 이러한 근본주의적인 교회에서는 이웃 사람들에 대한 사랑이나 그들의 필요를 충족시켜 주는 사회봉사에 대해서는 그다지 말을 많이 하지 않는다. 가난한 자, 병든 자, 압박을 받고 핍박 받는 자들에 대해 무관심하고 오직 그들의 영혼의 문제에 대해서만 언급을 한다고 워렌 목사는 말한다.

워렌 목사는 이제 자유주의 교회와 근본주의 교회가 하나가 되어서 영혼과 육신을 모두 구원해야 할 때가 왔다고 말한다. 그는 과거 19세기 말의 복음주의의 삶으로 다시 돌아가는 부흥운동을 일으켜야 한다고 말한다. 즉, 말을 적게 하고 일은 더 많이 하자는 것이다. 그는 이것이 스펄젼 목사가 영국에서 주장한 복음주의라고 말한다. 스펄젼 목사는 영국 전역에 학교와 고아원을 세운 것이 아니라 복음을 전하고 영혼을 구원한 것이다.

구세군의 설립자 윌리암 부스도 같은 입장에서 사역을 하였다고 한다. 부스는 "전체 인간을 위한, 그리고 온 세상을 위한 총체적 복음"(The whole gospel, for the whole man, for the whole world)을 주장하였다고 워렌 목사는 말한다. 그래서 그가 말하는 새로운 개혁이란 고백이 아닌 행위적인 것이고 신앙보다 행위적인 것이라고 말한다. 고백적이고 신앙적인 개혁은 이미 500년 전에 이루졌는데, 오늘 우리가 '오직 성경, 오직 은혜, 오직 믿음, 오직 하나님께 영광' 이라는 교리적인 신앙을 소유하고 있다고 한다.

오늘날의 교회는 반드시 삶과 행함의 개혁이 이루어져야 한다고 워렌은 주장한다. 교회가 세상에서 하는 일이 무엇인가? 그리스도인들은 세상에서 부정적으로 살아가는 자들로 알려져 있다. 오늘날 그리스도인들은 절단된 그리스도의 몸과 단절되어 있는 손과 발을 가지고 있고, 오직 입만 가지고 고백하는 것이다. 세상에 그리스도인들이 반대해야 할 것들이 많이 있다.

워렌 목사 자신은 여전히 동성연애, 줄기세포연구, 낙태 등을 반대하고 있다고 말하고 있다. 그러나 그러한 문제만이 아니라는 것이다. 세상에는 가난과 질병, 그리고 영적 공허함의 문제가 있는 것이다. 그러므로 교회는 복음을 전하여 영혼을 구원할 뿐만 아니라, 또한 그들의 육신의 삶의 문제를 교회가 책임지고 해결해 주어야 할 사명이 있다고 그는 주장하고 있다. 그는 이것을 새로운 개혁주의적인 삶이라고 말한다.

'목적이 이끄는 교회' 를 신흥종교 또는 신흥교회로 보는 경향이 있는데, 먼저 워렌 목사가 말하는 '목적이 이끄는 교회' 가 아닌 것을 규명하는 것이 중요하다. 첫째로, 목적이 이끄는 교회는 규모와 상관이 없다. 목적이 이끄는 교회는 작은 교회, 중형 교회, 그리고 대형교회와 초대형 교회가 있다. 그런데 미국에는 대부분의 교회가 100명에서 200명 정도 모이는 교회인 것을 워렌 목사는 잘 알고 있다.

목적이 이끄는 교회는 대부분 100명 정도 모이는 교회이다. 목적이 이끄는 교회는 교단성이 없다. 또한 목적이 이끄는 교회는 지역과 예배 형태와 상관이 없는 교회이다. 새들백교회가 많은 개척교회들을 세워 나갈 때, 어느 교회도 새들백교회의 예배 모본을 따르지 않았다. 사실, 새들백교회는 현재 여덟 가지의 각각 다른 예배 스타일로 예배를 드리고 있다.

목적이 이끄는 교회는 구도자에게 민감한 교회도 아니다. 목적이 이끄는 교회는 하나님의 목적인, 예배, 교회, 성장, 봉사, 그리고 전도 위에 세워져 나가는 교회이다. 교회성장보다 교회 건강이 중요하다고 말한다. 다섯 가지의 목적을 가지고 균형있게 사역하지 않는다면, 교회는 건강할 수 없다. 예를 들면 목회자가 양육만을 강조한다면, 교인들은 성숙해지지만 새로운 신자를 얻는 전도는 하지 못하게 되는 것이다. 결국은 새신자가 없기 때문에 사역을 계속 진행해 나가기 어렵게 된다.

또는 교회가 봉사에만 너무 치중한다면, 성도들의 교제가 잘 이루어지지 않을 수 있는 것이다. 목적이 이끄는 교회는 교인들의 나이가 문제가 되지 않는다. 장년과 청년, 그리고 젊은이들이 모두 함께 사역하는 교회이다. 목적이 이끄는 교회는 미국에만 국한 되는 것이 아니라, 지금 전 세계에서 하나님이 주신 목적에 따라 건강한 교회를 세워 나가는 것이다.

워렌 목사가 구도자들이나 초신자들에게 복음을 너무 가볍게 전하는 경향이 있지 않는가에 대한 질문이 많이 있는데, 그는 결코 그렇지 않다고 대답한다. 그는 복음의 메시지는 결코 변하지 않지만, 복음의 전달 방법은 반드시 변해야 한다고 믿고 있다. 만일 복음이 변질된다면 그것은 곧 이단이 되는 것이다. 그러므로 복음을 지나간 세대의 방법으로 전한다고 하면 그것이 곧 복음을 변질 시킬 수 있다는 것이다. 복음을 전하면서 100년전에 사용했던 효과적인 방법을 사용한다면, 사람들이 복음을 들을 수 없게 만들어 복음을 약화시키는 결과를 가져 올 수 있다.

릭 워렌 목사는 성경에 기록된 역사적, 그리고 정통적인 예수 그리스도를 개인의 구주로 믿지 않으면 구원을 받지 못한다고 말한다. 요한복음 14장 6절의 말씀에 자신의 생명을 걸어 놓았다고 말한다. 로버트 슐러 목사가 가르치는 죄, 구원, 그리고 종교 다원주의적인 복음을 인정하지 않는다. 슐러 목사는 잘못 가르치고 있다고 말한다.

새들백교회의 회원이 되기 위해 반드시 신앙고백서에 동의해야 한다. 어떤 사람들은 이러한 동의서에 대해서 이단적이라고 비판하기도 한다. 그러나 워렌 목사는 '니케아 신조가 이단적인가? 그리고 다른 신앙고백서가 이단적인가?' 라고 묻는다. 그래서 교회 회원이 되기 전에 먼저 자신들의 신앙관을 확인하도록 요구한다. 만일 같은 신앙을 고백하지 않는 교인들이 모두 회원이 된다고 하면 교회에는 불신자들이 교회 회원이 되는 결과를 가져오게 된다고 말한다.

하나님께서는 릭 워렌 목사의 "목적이 이끄는 삶"을 통해 교회를 다시 세우고, 부흥시키고, 새로운 교회개혁운동을 하게 하셨다. 이 책을 통해서 많은 교회들이 변화하고 부흥하였고, 또한 많은 사람들 삶에 변화를 가져온 것은 오직 하나님의 은혜이다. 그러나 그는 겸손하게 자신의 과거의 교회관이나 신앙관에 부족한 면이 있음을 솔직하게 고백한다. 하나님을 더욱 의지했어야 하는데 하지 못한 것이다. 자신이 좀더 헌신하고, 겸손하고 성결했으면 하나님은 자신을 더욱 크게 사용하셨을 것이라고 생각한다고 말한다.

그의 구원관은 분명하다. 오직 예수 그리스도를 구주로 영접한 자만이 하나님의 영광을 위해 살아갈 수 있고, 하나님이 주시는 은혜와 축복과 평강과 삶의 목적과 의미를 발견할 수 있다고 말한다. 그는 세

가지로 그의 구원관을 말한다.

> 첫째, 예수 그리스도는 우리의 죄를 위해 십자가에서 죽으셨기 때문에 주님을 영접하는 자는 죄사함을 받고 천국에 들어간다.
>
> 둘째, 우리가 하나님을 찾은 것이 아니라, 하나님이 먼저 우리를 찾으신다.
>
> 셋째, 종교와 예수 그리스도와의 차이는 예수님의 말씀에 나타나 있다. 무엇을 행하는 것이 아니라. 이미 예수님께서 완성하신 것이다. 즉, 예수님께서 모든 죄 값을 지불해 주신 것이다. 예수님께서 십자가 상에서 '다 이루었다' 는 말씀을 하신 것은 우리의 구원을 주님 자신이 이루어 주셨다는 것이다. 그러므로, 우리가 할 것은 오직 예수님만 의지하고 믿는 것 뿐이다.

오직 믿음으로 하나님의 자녀가 되며, 믿음을 통해 오는 하나님의 은혜로 구원을 받는다. 워렌 목사는 삶의 목적을 깨달으면 '진정한 삶은 이 세상에서부터 경험할 수 있다' 고 말하고 있다. 그는 오직 예수 안에서 삶의 목적을 발견하는데 진정한 인생의 성공이 있다고 믿기 때문에, 자신을 믿는 대중 심리학이나, 인간적인 성공이나 어떤 인간의 감동적인 이야기들을 모두가 허무한 것이라고 단정한다. 그리고 교회가 예수 그리스도 중심이 아니라, 사회 또는 공동체 중심이고 복음을 약화해서 전하면 그것은 하나의 종교적 차원에서 살아가는 것이라고 말한다.

교회는 건강하면 성장한다

1995년에 저술한 '새들백교회 이야기'에 보면, 새들백교회는 숫적인 성장을 추구하는 교회가 아님을 곧 알 수 있다. 그가 강조하고 있는 것은 교회의 건강이다. 교회가 병들지 않고 건강하면 교회는 반드시 부흥하고 성장한다고 말한다. 다시 말해서 교회의 균형을 유지하는 것이 건강한 교회를 세워나가는 비결이라고 한다. 교회의 건강과 성장에는 오직 하나의 열쇠가 있는 것이 아니라고 한다. 우리의 몸도 여러 다른 조직들이 모두 균형을 이룰 때에만 건강하다고 말하는 것처럼, 교회도 성경이 말하는 다섯 가지 목적의 균형을 이룰 때 그리스도의 몸인 교회에 건강을 가져 온다. 교회의 다섯 가지 목적은 예배, 전도, 교제, 제자훈련, 봉사라고 한다.

새들백교회의 목적은 다음과 같다. "사람들을 그리스도께로 인도하여 그 가족에 소속하게 하고, 그들을 그리스도를 본받는 성숙에 이르도록 계발하고, 그들이 교회에서 사역하고, 세상에서 선교하도록 준비시킴으로서 우리는 하나님의 이름을 찬미한다."

새들백교회는 건강한 성장을 위한 균형을 유지하기 위해서 두 개의 간단한 개념을 중심으로 조직되어 있다. 새들백교회는 두 가지 간단한 균형 잡힌 사역의 철학을 가지고 성장해 오고 있다. 즉, '헌신의 원형'과 '생활 개발 과정'이라는 사역방법이다. 이 안에는 새들백교회의 다섯 가지 목적을 성취하는 방법론이 나타나 있다. '생활 개발 과정'은 새들백교회에서 하고 있는 일이 무엇인가를 설명하고 있고, '헌신의 원형'은 다섯 개의 내부 원형들로 나뉘며, 교인들의 삶의 발전 단계에 따라 어떤 사람이 되어야 하는가를 설명하고 있다.

릭 워렌 목사는 이 개념을 1974년 학생 전도사로 있을 때 개발했고, 10,000명의 교회로 성장할 때까지 사용해 왔던 사역 철학의 골격이라고 말하고 있다. 릭 워렌 목사는 교회에 있는 모든 교인들이 모두 그리스도께 헌신한 자들은 아니라고 말한다. 또는 교인 전부가 영적인 성숙 단계에 있지 않다고 말한다. 교회 안에는 헌신하지 않은 교인들과 성숙하지 못한 자들도 많이 있다.

그러므로 새들백교회에서는 영적 성숙도와 헌신 정도에 따라 교인들을 다섯 단계로 구분하여 교회의 목적을 성취해 나가도록 하고 있다. 일반적으로 모든 교회들도 새들백교회와 같이 영적 성숙과 헌신 정도에 따라 여러 계층의 사람들로 나눌 수 있을 것이다.

예수님도 사람들의 영적 성숙과 헌신의 정도가 다르다는 것을 잘 알고 사역하셨다. 예수님은 언제나 영적으로 민감한 사람들과 대화를 나누신 것을 알 수 있다(막 12:34). 릭 워렌 목사는 복음서에서 불신자 단계에서 핵심교인의 단계까지 나아가는 예수님의 사역을 볼 수 있다고 말하고 있다. 예를 들면, 예수님께서 요한과 안드레를 처음 만나셨을 때, "와 보라"(요 1:39)는 말씀만 하셨다.

예수님은 처음부터 어려운 헌신을 요구하지 않으셨고, 단순히 와 보라는 초청만 하신 것이다. 이것은 관심을 불러 일으키기 위한 하나의 방법이었다.

예수님을 따르는 무리들이 점차 많아지게 되었을 때, 예수님은 훈련을 통해서 제자의 삶이 무엇인가를 3년간에 걸쳐 교육시키셨다. 제자들과의 3년간의 사역을 마치시고 변화산에 오르기 6일 전에 예수님은 그를 따르는 무리들을 향하여 자신을 부인하고 십자가를 지지 않으면 예수님의 제자가 될 수 없다는 궁극적인 도전을 하셨다(막 8:34).

예수님은 그들에게 사랑을 보이시고 예수님을 알게 하신 다음, 그들에게 헌신을 요구하실 수 있었다. 교회도 마찬가지이다. 교회에 처음 나온 사람들에게 예수님의 사랑을 처음 알게 한 다음, 그들에게 헌신을 요구할 수 있었다. 교회에 처음 나온 사람들에게 주시는 주님의 말씀이 있다(마 11:28-29). 예수님은 사람들의 문화적인 배경과 이해와 영적인 헌신 정도에 따라 사역하신 것이다. 예수님은 모든 사람들에게 동일한 방법으로 사역하시지 않았다.

새들백교회의 다섯 가지 헌신의 원형과 생활 개발 단계

새들백교회는 교회의 다섯 가지 목적을 성취하는 데 '헌신의 원형'을 통해서 각기 다른 그룹의 교인들을 다른 방법으로 훈련시켜 나갈 때 교회는 건강하고 계속 성장하게 될 것이라고 말한다. 교회의 목적은 영적으로 성숙하지 못하고 헌신하지 못하는 연약한 사람들을 신앙적으로 성숙시키고, 헌신된 사람으로 변화시켜 나가는 일이라고 말할 수 있다. 이러한 과정은 사람들을 지역 교인에서 핵심 교인으로 변화시키는 일이라고 새들백교회는 표현하고 있다.

지역교인

교회의 사역은 지역 주민들로부터 시작되어야 한다. 지역 주민이란 교회가 위치한 같은 지역 사회에 살고 있는 사람들로, 예수 그리스도에 대한 헌신이나 교회에 적을 두지 않은 불신자들을 가리킨다. 교회의 전도 목적이 먼저 실행되는 곳이 바로 지역 사회이다. 이곳에 가장 많은 불신자들이 있기 때문이다. 새들백교회는 이 지역 주민의 의미를 정의하여, '교회에 나가지 않고 있는 사람', '절기 출석자' 라고 하였다. 새들백교회에서는 등록을 하고 일 년에 적어도 4회 이상 출석을 하면 지역 교인이라는 이름 하에 컴퓨터에 입력을 한다. 교회는 이러한 사람들을 최상의 전도 대상으로 삼고있다.

주일교인

지역교인 다음으로 내적인 원형에 속해 있는 사람들을 새들백교회에서는 '주일교인' 이라고 부른다. 주일교인들은 주일 예배 참석자들을 가리킨다. 이들은 정기적으로 교회의 예배 시간에 출석한다. 주일교인에는 물론 신자들이 많이 있지만, 불신자들도 많이 있다. 주일교인 중에 신앙이 없는 자들은 교회 예배에 참석하고 구경하는 자들이다. 이들은 예배의 의미와 복음을 바로 이해하지 못하고 있기 때문에 주일 예배를 통해서 이들에게 복음을 전해 그리스도를 영접하도록 해야 한다.

등록교인

등록교인이란 교회에 정식으로 등록된 교회원을 가리킨다. 교회원이 되려면 반드시 세례를 받아야 하고, 교회원으로서의 의무와 책임에 대한 헌신이 있어야 한다. 다시 말하면, 교회 예배에 출석하는 것으로 그치는 것이 아니라, 다른 교인들과 교제하는 일에도 책임을 가지는 것이다. 이것은 매우 중요한 헌신이라고 릭 워렌 목사는 말한다. 이미 릭 워렌 목사가 강조한 바 있지만, 그리스도의 삶은 하나의

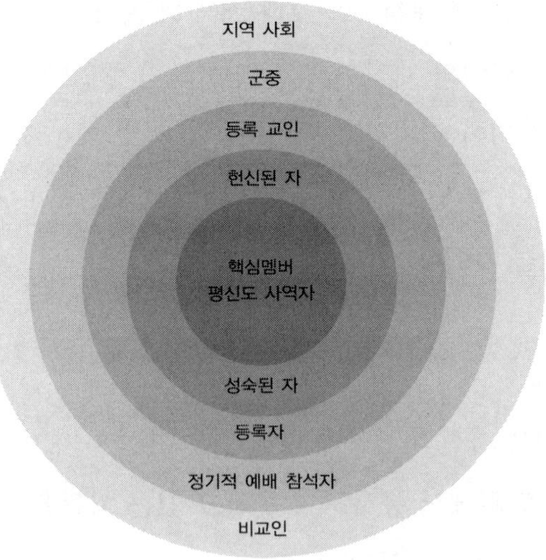

〈5개의 헌신의 동심원〉

신앙만이 아닌, 속함이라는 것이다. 그러므로 사람들이 그리스도께 헌신하면, 반드시 다음 단계로 그리스도의 몸된 교회 안에서 지체로서의 헌신이 따르는 것이다.

새들백교회에서는 지역에 살고 있지 않거나 그 지역에서 일하지 않는 사람들은 교회 사역에 아무런 의미가 없는 것으로 이해하고 있다. 결과적으로, 매년 수백 명씩 교회원 명부에서 이름을 삭제하고 있다. 릭 워렌은 재적 교인이 많은 것에 관심이 없고, 정식 교회원으로 적극적이고 성실하게 교회의 사역에 함께 참여하는 교인들이 중요하다고 강조하고 있다.

출석 교인이 등록 교인보다 많다는 것은 교회가 지역 사회의 주민들에게 효과적으로 전도하고 있다는 증거이며, 전도의 대상자들이 많이 있다는 의미이다. 교회가 전도하고 있다는 증거에 대해 릭 워렌은 적어도 출석 교인이 재적 교인보다 25% 더 많아야 한다고 말한다. 예를 들면, 현재 교인의 재적수가 200명이라면 주일날 출석하는 사람의 수는 250명이 되어야 지역 사회에서 전도하고 있는 교회라고 평가할 수 있는 것이다. 만일 그렇지 못하다면, 교인 중에 한 사람도 전도하지 못하고 있는 것이다.

헌신교인

헌신교인은 자신의 신앙에 대해 깊은 관심을 가지고 있으나, 여러 가지 형편상 교회에서 봉사하지 못하고 있는 자들을 가리킨다. 이러한 헌신자들은 기도도 하고, 헌금도 하고, 자신의 영적 성숙을 위한 제자 훈련을 받고 있는 훌륭한 교인들이지만, 교회의 평신도 사역자로 일하고 있지 않는 사람들이다. 새들백교회에는 이러한 사람들을 위한 교과과정이 있고, 이 과정이 끝나면 반드시 매일 경건의 시간을 가지는 것과 수입의 십일조를 바치는 일, 그리고 구역 활동에 적극 참여한다는 서약을 하게 된다. 새들백교회는 이러한 활동들이 영적 성숙에 필수적인 것이라고 믿고 있다.

핵심교인

핵심교인은 교회 안에서 가장 많은 헌신과 사역을 하고 있는 교인들을 가리킨다. 이들은 다른 교인들을 위해 봉사하고 있는 평신도 지도자들과 사역자들이다. 즉 주일학교 교사들, 집사들, 음악 사역자들, 청소년 사역 후원자들 같은 사람들이다. 이러한 사역자들이 없으면 교회의 사역을 감당할 수가 없다. 이들은 교회의 핵을 이루고 있는 사람들이다.

새들백교회에는 핵심교인들을 위한 교육과정이 있다. 이 과정을 통해 평신도 사역자들이 나오게 되는데, 그들은 교회의 보이지 않는 힘이다. 릭 워렌은 그가 갑자기 쓰러지더라도 새들백교회에 이러한 핵심 평신도 사역자들이 있기 때문에 사역을 계속해 나갈 수 있다고 확신한다. 핵심교인의 단계에까지 온 다음에는 지역 주민들을 위한 사역 단계로 환원하게 된다.

새들백교회는 이러한 외곽에 있는 지역교인(주민)들에게 복음을 전해서 주일교인으로, 주일교인에서 등록교인으로, 등록교인에서 헌신교인으로, 헌신교인에서 핵심교인으로 발전시켜 나가는 사역을 통해 교회가 양적으로 질적으로 성장해 나가고 있다. 이러한 헌신의 도를 높여가기 위한 사역 개념이 바로 '생활 개발 과정' 이다. 이 사역 철학을 야구경기의 다이아몬드형 그림으로 설명하고 있다.

(1) 그리스도를 아는 단계(101반)

이 단계에서는 100단계 강의를 듣게 되며, 불신자들을 전도하여 정식교인으로 만드는, 즉 구도자가 처음으로 복음을 접하고 그리스도를 배우는 단계이다. 새들백교회에서는 모든 교인들이 이 훈련 과정을 등록교인이 되기 위해 마쳐야 한다.

(2) 그리스도 안에서 성장하는 단계(201반)

이 단계에서는 200단계 강의를 들으면서 교인을 영적으로 성숙하도록 훈련시킨다. 이 단계를 마치면 교회에서 훈련된 교인으로 인정을 받는다.

(3) 그리스도를 섬기는 단계(301반)

이 단계에서는 300단계 강의를 듣게 되며, 영적으로 성숙된 교인들을 실제로 사역할 수 있도록 훈련시키는 단계이다. 이 단계를 마치면 평신도 사역자로 인정 받는다.

(4) 그리스도를 전하는 단계(401반)

이 단계에서는 400단계 강의를 듣게 되며, 전도와 선교에 관한 훈련을 받는데, 이 단계에서 불신자에게 전도할 수 있는 자들을 모집하고 훈련하는 능력을 갖추게 한다.

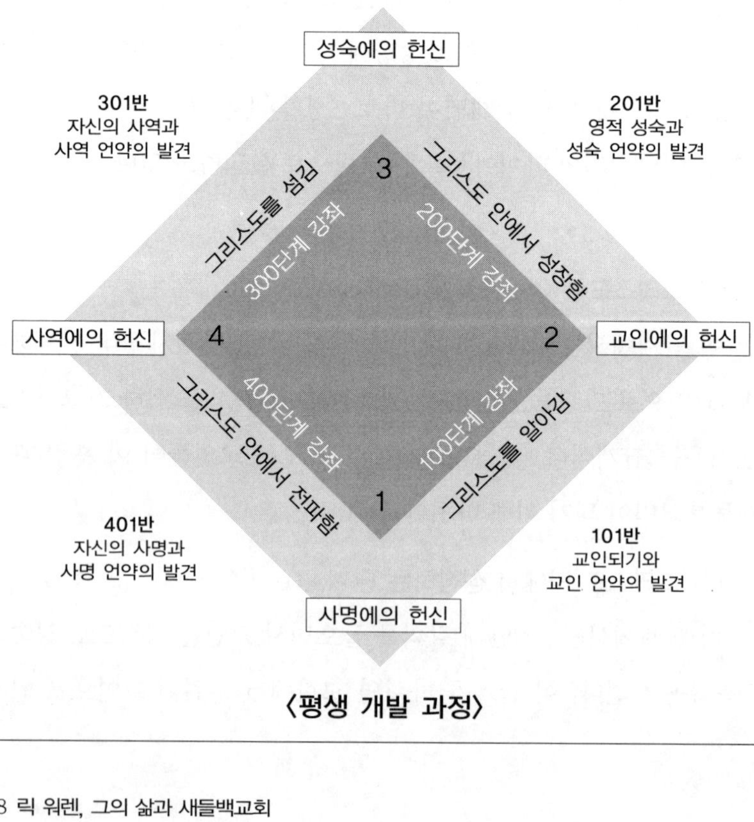

〈평생 개발 과정〉

물론 워렌 목사가 개발한 이 사역의 철학은 교회 성장을 위한 어떤 전략적인 프로그램도, 교인들의 숫자를 늘리는 양적 성장을 위한 하나의 프로그램도 아니다. 릭 워렌 목사는 그의 목회의 시작과 목적을 불신자 전도에 두고 지금까지 사역해 오고 있다. 교회를 개척할 당시부터 불신자 중심으로 첫 예배를 드리고 불신자 중심의 전도 프로그램과 양육 프로그램을 개발하여 현재도 워렌 목사는 첫 예배때부터 내세웠던 교회의 목적과 꿈을 매주마다 그대로 실천하며 목회하고 있다.

목적이 이끄는 교회가 되는 방법들

대부분의 교회들이 사역의 목적과 철학, 방법을 가지고 있고 모든 교인들에게 이런 것들을 충분히 주지시키고 있지만, 교회의 목적에 따라 적용하는 문제에 대해 어려움을 겪고 있는 것이 현실이다. 교회가 건강하게 성장하지 못하는 것은 프로그램의 부족이나 목회자의 사역 철학이나 방법론에 문제가 있기 때문이 아니라, 교회의 목적을 적용하는 자세와 방법에 문제가 있기 때문이다.

예를 들면, 교회의 사역 계획, 예산, 사역자, 설교 등에 깊은 관심을 가지고 교회의 목적에 맞추어 강력하게 추진해 나가는 교회적인 자세가 있어야 한다. 이러한 목적에 따른 적용 과정에는 목회자의 절대적인 지도력이 요청되며, 이 과정은 수개월 또는 수년에 걸친 기도와 계획, 준비, 또는 실험이 요청되기도 한다. 새들백교회는 교회의 사역 철학을 실제 적용한 데 도움이 되는 방법론을 제시하고 있다. 릭 워렌 목사는 "새들백교회 이야기"(The Purpose-Driven Church)에서 교회의 사역 철학을 적용하는 열 가지 방법론을 제시하고 있다.

새 교인 동화

새로운 사람들을 교회의 삶에 동화시키기 위해서는 헌신의 원형을 전략적으로 사용하는 것이 좋다. 다시 말하면, 지역교인을 교회의 주말 예배에 참가하도록 주일교인으로 만드는 일로부터 시작하는 것이다. 주일교인을 교회 안에서 교제할 수 있도록 등록교인으로 만들고, 다음에는 제자 훈련을 위해 헌신교인으로 만들고, 헌신교인이 되면 핵심교인으로 만들어서 교회 안에서 봉사하도록 하는 것이다.

마지막으로 핵심교인은 다시 지역으로 보내어 전도하도록 하는 것이다. 이러한 과정을 통해 교회의 다섯 가지 목적을 성취해 나가게 된다. 릭 워렌 목사는 교회는 밖에서부터 안으로 성장하는 것이지 안에서부터 밖으로 성장하는 것이 아니라고 말한다. 교회 성장은 핵심교인으로부터가 아니라 지역주민들로부터 시작되는 것이다.

지금까지의 전통적인 교회 개척 방법은 먼저 핵심교인을 만든 다음에 지역 사회로 나가면서 교회를 성장시키는 것으로 가르쳐 왔다. 그러나 릭 워렌 목사는 교회를 개척하고 핵심교인을 만드는 기간 동안에 교인들과 지역 사회 사람들과의 접촉이 적어지고, 핵심교인이 된 다음에 다시 지역 사회로 들어가서 전도를 할 때 핵심교인들이 지역 사회 사람들과 접촉하는 것을 두려워하기 때문에 안에서 밖으로 나가는 방법이 좋지 못하다고 말한다. 다시 말하면, 교인들간의 지나친 협동과 교제 때문에 새로운 사람들이 그 교제 속에 끼어 들지 못하고, 교인들은 다른 사람들에 대해 관심을 가지지 않는다는 것이다. 피터 와그너는 이러한 증상을 교회의 질병 중 하나로 보고, '친교 과잉증' (koinonitis)이라는 병명을 붙이고 있다. 릭 워렌이 말하고 있는 것이 바로 이와 같은 현상이다.

개척교회 회원들이 작은 소그룹으로 훈련을 받는 기간 동안에 너무 친해지고 가까워져서, 정작 교회의 사명인 전도에는 관심을 잃고 오히려 자신들의 교제의 안일함과 평안함을 더 중요하게 생각한다는 것이다.

미국에 있는 이민교회에 이러한 현상들이 많이 나타나고 있다.

개척교회를 시작하는 교인들은 목사를 중심으로 훈련을 받는 기간 동안 작은 교회가 갖는 좋은 점들을 많이 경험하게 된다. 그러나 정작 교회가 개척되어 목회자가 지역 전도 중심으로 사역을 하고 새로운 교인들을 동화시키려고 할 때 먼저 오랫동안 같이 훈련을 받았던 교인들의 텃세 때문에 새로운 교인들이 동화하지 못하고 교회를 떠나는 경우가 많이 있다.

그러므로 어떤 목회자는 일단 교회가 개척되고 어느 정도 규모를 갖추게 되면, 새로운 교인들의 동화와 영입을 위해 개척 교인들을 떠나 보내야 한다고 말한다. 심지어 많은 경우에는 개척 교인들이 떠나면서 교회가 새롭게 성장한다고 한다. 그렇다고 하면, 릭 워렌 목사의 말과 같이 개척 교인 없이 교회를 처음부터 불신자 중심으로 시작한다면 이러한 개척 교인들과의 커다란 충돌 없이 교회가 든든하게 성장해 나갈 수 있을 것이다. 작은 교회들의 문제는 모든 교인이 핵심교인이라는 데 있다. 그러므로 매주일 같이 나와 모든 일을 같이 해야 한다. 그리고 교회 생활과 신앙 생활을 오래 했기 때문에 사실 새로이 전도할 대상자들이 많지 않다. 이러한 교회들은 릭 워렌 목사가 제시한 헌신의 원형 전략을 배워 적용할 필요가 있다.

릭 워렌 목사의 경우 그는 처음 새들백교회를 개척하면서 지역 사회 사람들에게 관심을 가지고 개인적으로 12주 동안 교회에 나가지 않는 사람들을 집집마다 찾아 다니며 그들의 필요가 무엇인가를 물으며 접촉하였다. 이러한 접촉을 통해서 가능한 많은 불신자들과 관계를 가지면서 친구 관계를 맺으려 했다고 한다.

일 년이 되었을 때, 약 200명이 출석교인이 되었다. 이들 대부분은 새로 예수를 믿기 시작한 사람들이었다. 2년이 되면서부터 주일교인들을 등록교인으로 성장시키는 데 주력했다. 물론, 계속적으로 지역주민에게 전도하면서 일단 교회 안에 들어온 사람들은 교회 안에서 교제를 함께 나누며 교회 생활을 하는 정식교인으로 만드는 데 힘을 기울였다. 그래서 교인의 가치, 중요성, 유익, 책임 등에 관해서 설교하였다. 이러한 설교를 통해서 교인들이 점차적으로 교회에 대한 책임을 가지고 정식교인으로 교회 공동체 생활에 관심을 가지기 시작하였다.

3년째가 되었을 때에는, 교인들의 헌신도를 높이기 시작하였다. 계속해서 그리스도에 대한 헌신을 강조하였다. 그래서 제자 훈련과 영적 성숙에 관한 설교를 많이 하였다. 물론, 초신자들에게 필요한 메시지도 함께 전했다. 그리고 봉사와 사역을 위한 헌신에 관한 설교를 하여 헌신자들이 많이 나오게 되었다. 이렇게 교회가 성장하면서 사역자들들 추가하였고, 그들로 하여금 교인들을 훈련하고 평신도 사역자들을 돌보게 하였다.

여기에서 릭 워렌 목사가 지적하고 있는 것은 대부분의 목회자들이 교인들을 짧은 시간에 동화시키고, 하루 아침에 영적 성숙과 헌신도를 높이려 하며, 모든 일을 동시에 하려고 한다는 것이다. 그는 균형 잡힌 건강한 교회를 세우는 데는 많은 시간이 필요하며 짧은 시간에 교회를 세우려고 하는 것은 불가능하다고 말한다. 버섯을 만들려면 6시간이 걸리고, 떡갈나무를 만들려면 60년의 시간이 걸린다고 한다. 어떠한 교회가 되기를 원하는가? 버섯과 같은 교회인가? 떡갈나무와 같은 교회인가?

다양한 프로그램 개발

교회는 반드시 목적에 따라서 프로그램을 선택하고 고안해야 한다. 교인들의 헌신도에 따라 각자에게 맞는 프로그램이 있어야 한다. 예를 들면, 지역 교인들을 위해서는 전도 프로그램, 주일 교인들을 위해서는 예배, 정식 교인들을 위해서는 교제, 헌신 교인들을 위해서는 제자 훈련, 그리고 핵심 교인들을 위해서는 봉사의 프로그램이 있어야 한다. 반드시 교회 목적에 따른 프로그램이 있어야 한다. 새들백교회에서는 다음과 같은 목적에 따른 프로그램들이 있다.

지역 주민 초청행사

새들백교회에서는 우선적으로 연중 정기 행사로 지역 주민 초청행사를 가진다. 이 행사를 영어로 'Bridge events' 라고 하는데, 교회와 지역 사회의 교량 역할를 하는 행사이기 때문이다. 이 행사를 통해서 지역 사회에 교회를 알린다. 예를 들면, 성탄절 예배, 추수감사절 예배, 독립기념일 행사, 부활절 행사, 음악회 등을 개척하는데, 전도하기 전에 가지는 행사들로 교회에 나가지 않는 사람들에게 교회가 있음을 알리는 것이다.

구도자들을 위한 예배

주일에 나오는 지역 주민들을 위해 구도자 예배를 드린다. 이 예배의 목적은 교인들의 개인 전도를 도와 불신자들에게 복음을 전하기 위한 것이다. 이 예배가 개인 전도를 대신하는 것은 아니다. 연구 결과를 보면, 사람들은 많은 사람들이 함께 지원하고 도울 때에 결신한다고 한다. 교인들을 위한 새들백교회의 가장 힘있는 사역은 소그룹 사역으로, 교제와 개인적으로 돌보아 주는 일, 그리고 교회의 소속감을 갖게 하는 일들이 소그룹에서 이루어지고 있다. 릭 워렌 목사는 직접 교인들에게 새들백교회의 소그룹에 가입하기 전까지는 교회의 소속감을 가질 수 없다고 말하며, 교회 가입은 곧 소그룹 가입를 전제하고 있다고 말하고 있다.

생활 개발 훈련원

교회의 헌신자가 되기 원하면 생활 개발 훈련원에 들어가서 자신의 영적 성장을 위한 기회를 가질 수 있다. 여기에서 성경공부, 세미나, 워크숍, 개인지도훈련, 개인연구 프로그램 등을 공부할 수 있다. 또한 본인이 원하면 학점을 따고 수료증서까지 받을 수 있다. 주중

예배는 생활 개발 훈련원의 가장 중요한 부분 중 하나이다.

새들백 평신도 지도자 훈련(SALT)

핵심 교인들을 위한 중요한 프로그램은 매월 가지는 SALT 회의이다. SALT는 Saddleback Advanced Leadership Training의 약자이다. 다시 말하면 이 프로그램은 핵심 교인들을 교회 안의 지도자로 훈련시키는 특별한 프로그램이다. 매월 첫째 주일 저녁에는 두 시간 동안 집회를 가지면서 평신도 지도자들의 신앙 간증과 사역 보고, 목사의 비전 제시, 기술 개발, 지도력 훈련, 기도, 새로운 평신도 지도자들을 임명하는 시간을 갖는다.

릭 워렌 목사는 개인적으로 이 SALT의 모임을 주관하고 인도하는 것이 목회 사역 중에 가장 중요한 사역이라고 말하고 있다. 이 시간은 목사에게 있어 새들백교회를 움직여 나가는 핵심 교인들을 교육시키고, 감동을 주며, 감사할 수 있는 가장 귀중한 시간이 되기 때문이다. 교회의 목적에 따라 교회에 알맞은 프로그램을 다양하게 개발해서 각기 다른 차원에 있는 교인들의 신앙 성숙을 돕고, 봉사할 수 있도록 훈련해야 교회가 성장하는 것이다.

교인교육

새들백교회의 교육 목표는 삶을 통한 전도, 예배, 교육, 제자훈련, 그리고 봉사하는 일을 하도록 교육시키는 것이다. 즉 말씀을 듣는 자가 아니라 행하는 자를 만드는 것이다. 새들백교회의 슬로건 중 하나가 "당신이 행하고 있는 성경의 부분만 오직 믿는 것이다" 이다. 다시 말하면 자신이 행하고 있는 성경의 일부분만 믿고 있는 것이며, 행하지 않는 성경말씀은 믿지 않는다는 것이다. 새들백교회는 교인들에게 지식을 전달해 주는 것이 목적이 아니라 그들의 삶을 변화시키는 것이 목적이다. 이러한 변화는 하루 아침에 일어나지 않는다. 그러므로 교인들이 교육을 통해서 점차적으로 변화해 가도록 격려하고 훈련을 시킨다.

새들백교회에서는 이러한 과정을 '생활 개발과정' 이라고 말하고 있다. 이미 앞에서 언급했듯이 여기에는 네 단계(101, 201, 301, 401)가 있다. 101**단계**에서 사람들은 정식 교회 교인이 되는 교육을 받게 하고, 교회원이 되겠다고 약속한다. 그리고 201**단계** 세미나를 통해서 그리스도인의 성숙에 관해 교육을 받고 성숙한 그리스도인이 되기로 헌신한다. 301**단계** 세미나에서는 평신도로 사역을 감당할 수 있는 기술을 배우고 사역에 헌신을 하게 된다. 그리고 마지막 401**단계**에서는 복음을 증거하는 교육을 받은 다음 전도와 선교에 헌신하게 된다.

일반적으로 교회에서는 그리스도를 영접시키고, 세례를 주고 교회의 정식회원으로 가입하게 하는 첫 번째 단계까지 잘하고 있는 편이다. 또 어떤 교회는 한 단계 더 나아가 성숙한 그리스도인이 되도록 하는 두 번째 단계까지 이끌고 간다. 그러나 대부분의 교회는 봉사와 전도와 선교의 사역을 감당하게 하는 세 번째와 네 번째 단계까지는 교육시키지 못하고 있는 것이 현실이다. 여기에서 교인들의 신앙 성숙과 훈련이 얼마나 중요한가를 잘 알 수 있다. 새로운 신자들이 매주일 늘어나고 교인수가 불어나는 것으로 교회의 사명을 다한다고 생각해서는 큰 잘못이다. 이들이 모두 신앙 안에서 성숙하여 전도인이 될 수 있을 때까지 교회는 양육 훈련을 끝까지 체계적으로 시켜야 한다.

릭 워렌 목사는 새들백교회의 궁극적인 목표는 교인들 전체를 주의 군대로 만드는 것이라고 말하고 있다. 그는 군대의 힘이 식당에서 몇 명이 앉아서 먹고 있는가에 달려 있는 것이 아니라, 최전방에서 어떻게 전쟁할 수 있는가에 달려 있다고 말한다. 교회의 힘도 주일 예배 시간에 몇 명이 앉아 있는가에 달려 있는 것이 아니라, 얼마나 핵심교인들이 있는가에 달려 있는 것이다. 그래서 1980년대 초 릭 워렌 목사는 이런 재미있는 표현을 교인들에게 하면서 그의 목회 철학을 제시한 바 있다.

그의 사역 목표는 여피들(Yuppies: Young Urban Professionals: 1940년대 말 50년대 전반에 출생한 베이비 붐 후반 세대로 대도시의 화이트 칼라)을 윰피들(Yummies: Young Urban Missionaries)로 변화시키는 것이라고 하였다. 교회는 한 마디로 선교사들을 만들고 파송하는 곳이 되어야 한다.

소그룹 사역

새들백교회의 소그룹 철학은 교인들에게 선택의 여지를 많이 제공해서 자신의 필요와 관심과 삶의 영적 성숙도에 따라 알맞은 소그룹을 선택하여 신앙의 성숙을 도모하자는 것이다. 새들백교회는 소그룹의 사역을 크게 네 가지로 구분하고 있다. 모든 소그룹은 각기 다른 사역의 목적을 가지고 있다.

구도자 그룹

이 그룹의 목적은 전도이다. 이들은 불신자들을 대상으로 여러 가지 질문을 하면서 그리스도에 관한 진리들을 함께 연구하는 그룹이다.

지원 그룹

이 그룹은 교회의 예배와 교제, 교인들을 돌아보는 일들을 지원하는 것을 목적으로 하고 있다. 예를 들면, 삶의 어떤 변화 과정에 있는 교인들을 지원하고 교제하는 일을 하는데, 새로운 부모가 된다든지, 대학생이 된다든지, 또는 자녀들이 다 자라 집을 떠나 부부가 집에 홀로 남게 되는 시기에 이들과 가까이 교제하는 일들을 도모한다. 그리고 사별과 이혼을 통해 아픔과 고통 속에 있는 자들을 위로하고 치유하는 사역을 한다.

봉사 그룹

이 그룹은 특별한 사역을 위해 조직된 그룹이다. 즉, 멕시코 고아원 사역, 교도소 사역 같은 일을 맡아서 봉사하게 된다.

성장 그룹

이 그룹은 목적은 교인들의 양육과 제자 훈련, 성경 공부를 위한 그룹이다. 새들백에는 현재 50개의 각기 다른 성경 공부 과정이 있는데 주일 낮 릭 워렌 목사의 설교 내용을 중심으로 성경 공부하는 과정들도 있다.

사역자 보강

새들백교회는 사역자들을 청빙할 때 그가 교회의 목적에 기초해 어떤 분야에 관심과 은사를 가지고 있는가에 따라 정한다. 간사들을 인터뷰할 때, 인품이나 능력을 보기보다는 교회의 목적에 따라 어떤 열정을 가지고 있는가를 본다. 사람들은 어떤 일에 열정을 가지고 있을 때 스스로 동기를 부여하며 일을 잘하게 된다.

릭 워렌 목사는 오늘 자신이 새로운 교회를 개척한다면 먼저 사례를 받지 않고 일할 수 있는 자원 사역자 다섯 명을 먼저 모집하겠다고 말한 적이 있다. 그들이 맡게 될 다섯 분야는 예배 음악 담당자, 새신자 및 교인관리 담당자, 신앙성숙과 제자 훈련 및 헌신자를 위한 성경공부 담당자, 봉사자 관리 및 평신도 지도자 관리 담당자, 지역 전도와 선교 담당자이다. 그리고 교회가 성장함에 따라 이들에 대한 대우를 점차 높이면 된다고 말한다. 그러므로 교회는 규모와 관계 없이 이러한 계획을 가지고 목적을 성취해 나갈 수 있다.

팀 조직

릭 워렌 목사는 전통적인 교회의 조직과 사역의 구조보다는 교회목적에 따른 구조를 강조한다. 새들백교회는 모든 평신도 지도자들과 간사들을 교회의 다섯 가지 목적에 따라 팀을 나눈다. 각 팀은 팀장 목사와 팀 조정관, 유급 간사 목사들과 자원봉사 평신도 사역자들로 구성되어 있다. 각 팀마다 교회 목적에 따라 프로그램, 사역, 행사 들을 준비하고 조정하게 된다.

선교 팀

선교 팀의 목적은 전도이다. 전도의 대상은 교회가 위치하고 있는 지역 주민들이다. 이들의 일은 계획, 홍보, 교회와 지역 주민을 연결시키는 행사 추진, 구도자 그룹, 전도 훈련, 전도 활동과 프로그램, 선교 계획 등을 전체 주관한다. 그리스도의 복음을 지역에 전파하기 위해 계획하고 조직하는 모든 일을 한다.

릭 워렌 목사는 자신이 일본의 선교사를 희망한 일이 있기 때문에, 늘 선교에 대한 커다란 비전을 가지고 목회하고 있다. 그는 전체 교인의 25%가 어떤 모양으로든지 선교하는 사람들이 되기를 원하고 있다.

그는 여름에 교인들이 적게 모이기를 원한다. 여름 휴가를 이용해서 선교지에 단기 선교사로 봉사하는 교인들이 많아지기를 원하는 것이다. 그는 향후 20년 내에 200명의 선교사들을 전 세계에 파송하는 것을 목표로 하고 있다.

찬양 팀

이 팀의 목적은 예배이다. 그리고 이 팀의 대상은 교인들이다. 이들의 할 일은 주말 구도자들을 위한 예배와 특별 예배 및 특별 행사를 계획하고 주관하는 것이고, 다른 교회들에게 예배와 찬양의 자료를 공급해 주는 것이다.

교회원 팀

이 팀의 목적은 교제이다. 대상은 교인들로, 교인들을 돌보는 일을 한다. 이들은 신입 반(101)을 매월 운영하여 새로운 교인들을 가입시키는 일을 한다. 지원 그룹을 감독하며, 결혼, 장례, 목양, 병원심방, 교인 구제, 상담 센터 운영 등을 한다. 결과적으로 이 팀은 교회 안의 모든 교인들의 중요한 교제 행사들을 총 주관한다.

영적성장 팀(The Maturity Team)

이 팀의 목적은 제자 훈련이다. 대상은 헌신자들이다. 이들은 교인들로 하여금 더욱 헌신하게 하며 영적으로 성장하고 성숙하게 자라도록 한다. 이 팀은 매월 성장 단계의 훈련을 제공하고, 생활 개발 훈련원, 주중 예배, 성경공부, 가정성장그룹, 영적성장 캠페인 등을 운영 주관한다. 그리고 이 팀에서는 가정용 예배 지침서를 발간하고 성경공부 교과 과정과 교인들의 신앙 성숙에 도움이 되는 자료들을 제공한다.

사역 팀

이 팀의 목적은 봉사하는 일이다. 대상은 핵심 교인들이다. 이들의 일은 교인들을 평신도 사역자로 만들어서 자신의 은사에 맞는 분야에서 봉사하도록 하는 것이다. 이 팀은 사역발전센터(Ministry Development Center)를 운영하고, 교회의 모든 봉사그룹에 책임을 지고 있으며, 매월 봉사자 훈련(301단계)과 살트(SALT)모임을 주관한다. 이 팀은 또한 교회의 평신도 지도자들을 지원하고 훈련하고 감독하는 일을 하기도 한다. 이 팀의 목표는 교회의 모든 성도들이 자신이 가지고 있는 은사를 가지고 봉사할 의미 있는 자리를 찾도록 도와주는 것이다.

예산 집행과 교회 행사

교회의 우선순위가 어디에 있는가를 쉽게 알 수 있는 방법은 예산 집행과 교회 행사 달력을 보면 알 수 있다. 가장 중요하다고 생각하는 일에 가장 많은 돈과 시간을 들이게 되어 있다. 교회의 우선순위가 전도에 있다면, 예산 집행을 우선 전도에 두어야 한다. 교회의 목적에 따라 우선적인 예산 집행이 있어야 교회가 건강하게 성장할 수 있다.

매년 2개월 정도는 교회의 각 목적에 따라 교회 행사를 가져야 한다. 각 팀에서 두 달 동안 교회의 목적을 소개하며 홍보하는 행사들을 할 수 있도록 해야 한다.

예를 들면, 1월과 6월을 성숙의 달로 정해 교인들에게 신약성경 전체를 읽도록 하고, 매주 성경을 암송하게 하며, 성경 사경회를 열고, 교회 전체적으로 성경 공부를 하는 행사를 가진다. 2월과 7월은 봉사의 달로 정하고, 봉사자들을 선발하고, 목사는 봉사에 관한 설교를 하며, 교인들로 하여금 봉사 그룹에 가입하도록 한다. 3월과 8월은 선교의 달로 정하고, 개인전도훈련, 선교대회, 특별한 선교행사를 가진다. 4월과 9월은 교인의 달로 정하고, 이 달에는 새신자들로 하여금 교인이 되도록 권유하고, 교인들의 친목과 교제를 위해 피크닉, 음악회, 축제행사 등을 가진다. 5월과 10월은 찬양과 경배의 달로 정하고, 개인적, 전체적으로 찬양과 경배하는 것을 강조한다. 그리고 나머지 11월과 12월에는 추수감사절과 성탄절 행사를 가질 수 있다.

평가

변화하는 세상 가운데서 교회의 사명을 다하기 위해서는 끊임없이 교회 사역에 대한 평가가 있어야 한다. 그리고 교회의 과거를 돌아보고 과정을 평가해 보아야 한다. 교회의 목적에 따른 평가가 있어야 효과적인 사역을 할 수 있기 때문이다.

새들백교회는 교회 목적에 따른 교회 사역을 평가하기 위해 매월 목회자들이 6페이지에 걸쳐 제자 발전 과정을 요약하고 있는 '새들백속사' (Saddleback Snapshot)라는 프로그램이 있다. 여기에서 생활 개발 과정 프로그램의 각 단계에 몇 사람들이 교육 받고 있는지를 확인하고, 또한 헌신의 원형에서 몇 명이 발전 되어가고 있는가를 평가하게 된다. 속사(snapshot)는 매월 교회가 목적에 따라 얼마나 잘 발전되어 나가고 있는가를 보여준다.

예를 들면, 예배 참석자 수가 일 년에 35% 증가했는데 소그룹의 증가가 20%였다고 하면, 과정에 어떤 문제가 있었음을 알고 바로 시정하지 않으면 안 된다. 이와 같이 통계는 동화 과정을 평가해 주고, 어디에 강조가 필요한가를 지적해 준다.

모든 분야에 교회의 목적을 적용할 때 교회는 점차 강해지고 성장할 수 있다. 같은 교회의 목적을 가지고 매년 계속 사역을 해 나갈 때 교회는 과거보다 낫게 목적을 성취해 나가는 교회로 발전해 나갈 수 있다. 매년 새로운 프로그램을 개발해서 사용하는 것보다, 변하지 않는 교회의 목적을 정하고 그 목적에 따라 연속적으로 같은 프로그램을 적용할 때 교회가 목적을 성취하며 건강한 교회로 성장하게 된다.

한국 대부분의 교회들에는 불신자들을 위한 전도적인 예배가 없다. 또한 불신자들에게 호감을 줄 수 있는 구도자 예배가 없기 때문에 불신자들을 일반교회 예배에 인도하는 데 어려움이 있다. 불신자들이 교회의 일반적인 예배에 참석하기 어려운 이유는 설교의 내용을 이해할 수 없고, 예배의 내용을 이해하지 못하기 때문이다. 사실 복음의 내용을 전혀 모르고 교회에 참석해 본 적이 없는 불신자들을 예배로 인도한다는 것은 얼마나 어려운 일인지 모른다.

불신자를 전도하기 위해서는 교인들의 개인 전도에서부터 시작하여, 교회가 구도자들을 위한 전도 중심의 예배를 제공하여 기존 신자들이 불신자 친구들을 교회의 구도자 예배로 인도할 수 있어야 한다.

한국교회는 아직 불신자 전도를 개인 전도 차원에서 하고 있는데, 이제는 교회적인 구도자 예배를 중심으로 해나가야 할 것이다. 물론 한국교회에 총동원 전도주일과 같은 구도자를 위한 전도 프로그램이 있지만, 실제적으로 기존 신자들이 교회를 서로 교환 방문하는 프로그램으로 전락하고 마는 듯한 느낌이 있다.

모든 교회가 교회 성장을 원하고 있다. 교회 성장의 일면은 양적인 측면에서 본다면 교인의 수가 증가하는 것이다. 교인의 수가 증가하는 교회 성장을 원한다면, 우선적으로 불신자, 구도자, 또는 교회를 찾는 방문자들이 많이 찾아올 수 있는 교회가 되어야 한다. 많은 방문자가 찾아올수록 교회에 등록되는 신자도 많아질 수 있다. 교회 방문 없이 교회를 등록하는 법은 없다. 방문자가 없는 교회가 성장하는 법은 없기 때문이다.

방문자들이 적을수록 교회는 점차 적어지고, 방문자가 많을수록 교회는 점차 커질 수 있다. 가장 확실한 질과 양의 성장을 추구하는 교회는 먼저 불신자들과 구도자 중심의 사역을 통해서 그들이 교회에 나올 수 있는 방안을 의도적으로 강구해야 한다. 즉, 구도자에 민감한 예배를 제공하여 구도자들이 관심을 계속 가지고 예배에 참석할 수 있을 뿐만 아니라, 다른 불신자 친구들을 교회로 초청해 올 수 있도록 해야 한다. 교회는 먼저 구도자의 필요가 무엇인가를 알고 구도자들을 위한 예배를 제공하며 전도 사역 중심으로 성장해 나가야 한다.

좋은 예들을 지금까지 설명한 대로 새들백교회에서 찾아볼 수 있다. 많은 교회들이 교회 사역의 철학과 방법론에 있어서 새들백교회를 모방하고 있다. 그러나 이들 교회가 사역의 철학과 방법으로 성장한 것이 아니라는 사실을 기억해야 한다.

사역의 철학과 방법이 아무리 훌륭해도 하나님께서 먼저 교회 성장의 기회와 계기를 주시지 않으면 교회는 결코 성장할 수 없다.그러므로 새들백교회의 워렌 목사의 고백은 진리가 아닐 수 없다. 그는 교회 성장과 부흥은 마치 바다의 밀려오는 파도를 타는 서핑과 같다고 말한다. 그는 목회자들이 하나님이 보내 주시는 영적인 파도를 잘 탈 수 있어야 교회의 부흥과 성장을 가져올 수 있다고 말한다.

바다의 파도를 임의로 일으킬 수 없는 것과 같이 하나님께서 일으키시는 영적인 파도도 우리의 임의대로 일으킬 수 없다는 것이다. 영적인 파도는 오직 하나님이 만드시기 때문에, 교회 부흥과 성장은 인간의 뜻대로 만들어 낼 수 없다고 워렌 목사는 강조한다. 이 말은 다시 말해서 교회 성장과 부흥은 하나님께 속한 일이고, 하나님만이 하시는 일이라는 것이다.

하나님께서 일으키시는 영적인 파도를 타는 데는 반드시 명철과 인내와 기술이 있어야 하고, 무엇보다도 이 파도를 오래 탈 수 있으려면 균형을 잘 이루어야 한다고 말한다. 새들백교회는 하나님께서 보내 주신 영적인 파도를 잘 타고 있는 교회라고 말할 수 있다. 새들백교회는 먼저 영적인 파도를 타야 한다는 사실을 깨달았다. 또한 영적인 파도를 균형 있게 잘 타고 기술이 많아질수록 하나님은 더 큰 영적인 파도를 일으켜서 교회가 계속 성장하고 부흥할 수 있도록 하신다.

릭 워렌 목사는 지금 하나님께서 전세계적으로 영적인 파도를 여러 곳에서 일으키고 계시다고 주장한다. 즉, 기독교 역사상 최대 교회들이 지금 존재하고 있고, 아직도 최대의 교회를 이룰 수 있다고 하였다. 그러므로 그는 교회 지도자들이 '주님, 내가 하고 있는 일을 축복하여 주옵소서' 에서 '주님, 나로 당신이 축복하고 있는 일들을 하도록 도와주소서' 라고 기도해야 한다고 말한다.

무엇이 우리 교회를 성장시키고 있는가를 묻지 말고, 우리 교회의 성장을 저해하고 있는 것이 무엇인가를 물어야 한다고 말하고 있다. 교회는 주님의 몸된 교회이지 하나의 사업체가 아니다. 교회는 하나의 조직기관이 아니라 유기체이다. 그러므로 21세기의 교회 문제는 성장 문제가 아니라 교회의 유기체적인 건강 문제라고 말할 수 있다. 워렌 목사가 주장하고 있는 교회 성장에 관한 다섯 가지 전제가 있다.

- 교회의 규모와 교회 성장과는 전혀 관계가 없다.
- 교회 성장에는 다양한 방법들이 있기 때문에 하나님께서 축복하시는 방법을 함부로 비난하지 말아야 한다.
- 교회 사역은 다양하며 여러 사역을 통해 여러 사람들에게 복음을 전할 수 있다.

· 교회 성장의 원리가 성경적이며, 이 원리는 어느 곳에서나 적용할 수 있다.
· 방법과 복음을 혼동하지 않아야 한다. 복음은 영원히 변하지 않으나 방법은 시대마다 달라질 수 있다.

지금 26주년이 지나고 있는 2030년에는 새들백 교회는 어떤 교회로 변모할 것인가? 10만명이 모이는 교회 아니면 어떤 다른 형태의 교회로 변할 것인가에 대해 워렌 목사는 새들백교회의 성장은 오직 하나님의 손에 있다고 말한다. 이 세상에 마지막 한 사람이 예수를 믿을 때까지 교회는 계속 전도할 것이다. 우리의 목회 동기는 교회의 규모 확장에 있지 않다. 99마리의 양을 우리에 두고 한 마리의 양을 찾는 마음으로 계속 복음을 전할 것이다.

25년 후의 새들백교회는 모습이 어떨지는 모르지만, 한 가지 분명한 사실은 25년후에도 지금과 동일하게 복음을 전하는 교회로 남아 있을 것이다. 새들백교회는 가장 큰 교회를 세우는 것이 아니라, 복음을 전하는 역동적인 교회를 추구해 나가고 있다. 교회의 평가는 앉아 있는 교인수로 하는 것이 아니라 복음을 전하는 전도자의 숫자로 하는 것이다.

교회를 비교하지 말라. 만일 교회를 비교한다고 하면, 절대로 교인수로 비교하지 말라. 만일 비교하기 원한다면, 십일조 하는 교인이 얼마인가? 말씀묵상과 개인경건의 시간을 가지는 교인이 얼만인가? 사역에 봉사자가 얼마인가? 삶이 얼마나 변하고 있는가? 전도를 얼마나 많은 사람들이 하고 있는가? 교인수를 세지 말고 하나님의 목적을 바라 보라고 릭 워렌 목사는 힘주어 말하고 있다.

제 2 부

새들백교회 부흥과 성장의 방법들

그런즉 아볼로는 무엇이며 바울은 무엇이뇨
저희는 주께서 각각 주신 대로 너희로 하여금 믿게 한 사역자들이니라
나는 심었고 아볼로는 물을 주었으되
오직 하나님은 자라나게 하셨나니

고전 3:5-6

불신자 전도중심의 새들백교회

새들백교회의 릭 워렌 목사는 예수님께서 제자들을 부르실 때에 사람을 낚는 어부가 되게 하라는 말씀과 같이, 전도자들을 실질적으로 어부와 고기잡는 사람들과 같이 준비와 기술과 지식이 있어야 한다고 크게 강조하고 있다. 그래서 릭 워렌 목사는 언제나 전도를 고기잡는 기술과 비교하여 말한다.

그의 저서에서 전도전략에 관해 상세히 설명하고 있는데, 아마도 자신이 아버지로부터 배운 고기잡는 기술에서 이러한 전략을 세우지 않았나 생각한다. 릭 워렌 목사는 자기 아버지가 세상에서 가장 고기를 잘 잡는 사람이라고 말한다. 그의 아버지는 호수에 한 마리의 물고기가 있다고 해도 그 고기를 잡아낼 수 있을 만큼 고기를 잘 잡는다고 한다. 그래서 어려서부터 '아버지는 어떻게 고기를 잘 잡을 수 있을까?' 늘 의아해 하면서 성장하였다고 한다. '고기를 잘 잡는 것이 요술일까? 아니면 하나님께서 그의 아버지에게 고기를 잘 잡는 기술을 특별히 주셨는가?' 하는 질문을 하였다고 한다.

릭 워렌 목사가 나이가 들면서 아버지의 비밀을 알게 되었다고 한다. 그의 아버지는 고기에 대해 잘 알고 있다는 것이다. 즉, 그의 아버지는 고기들이 있는 호수를 알고, 호수의 어느 곳에 고기들이 있는가를 알아낸다는 것이다. 그리고 고기들이 언제 미끼를 무는가를 정확히 그 시간을 알고 있다는 것이다. 그리고 고기들이 어떤 종류의 미끼를 좋아하고 물의 온도에 따라 미끼를 어떤 것을 써야 하는가를 잘 알고 있다는 것이다. 뿐만 아니라, 낚시줄을 물속 깊이 어느 정도까지 내려야 하는가도 알고 있다는 것이다. 그리고 그는 고기들이 미끼를 삼킬 정도로 쉽게 매력적으로 미끼를 낚시에 끼워야 한다고 하였다.

릭 워렌은 낚시하러 갈 때에 자기에게 편리한 곳에 가서 낚시를 한다고 한다. 그리고 낚시에 고기가 잡히는 것을 중요하게 생각하지 않고, 낚시한다는 자체에 만족한다고 한다. 그러나 그의 아버지는 자기에게 편리한 곳에 가지 않고, 좀더 깊은 곳이라도 고기를 잡기 위해서 들어가서 고기를 잡는다고 한다. 다시 말하면, 릭 워렌 목사는 전략이 전혀 없는 낚시를 하고 있기 때문에 고기를 잡지 못하고, 그의 아버지는 전략을 가지고 낚시하기 때문에 고기를 잡는다는 것이다.

교회에서 전도하는 것도 마찬가지이다. 교회가 어떤 사람들에게 전도할 것이며, 그들에 대한 연구와 조사를 가지고 전략적인 전도를 해야 하는데, 전략이 없는 전도를 하고 있다는 것이다. 주님을 위해 전도하고 영혼을 구원해야 하는 것을 알지만, 편안한 상태에서 전도하기를 원하며, 그 상태에서 벗어나서는 진정으로 전도하기를 원하지 않는 것이 현대교회의 실정이라고 말할 수 있다.

그러므로 전도의 효과는 그리스도의 복음을 바로 증거하는데 있는 것만이 아니라, 그리스도의 방법대로 복음을 전하고 있는 가에도 달려 있는 것이다. 예수님은 복음을 주셨을 뿐만 아니라, 전도하는 방법론과 전략도 가르쳐 주셨다. 예수님의 방법은 시공간을 초월한 전도의 원리가 되기 때문에 오늘날에도 우리가 적용할 수 있는 효과적인 방법이 될 수 있는 것이다.

마태복음 10장과 누가복음 10장에서 예수님의 전도대상자들을 위한 두 개의 전도전략이 나타나고 있다. 예수님은 그의 제자들을 전도하러 내 보내기 전에, 누구에게 전도하며, 어떤 사람들을 무시하며, 그들에게 무슨 말을 하며, 어떻게 복음을 나눌 것인가를 자세히 교훈하고 있다. 이 본문에서 예수님의 전도방법에 관한 다섯 가지 지침을 발견할 수 있다.

전도대상자들을 정해야 한다.

어떤 사람들을 대상으로 전도할 것인가를 결정해야 그에 따른 전략을 세울 수 있다. 고기의 종류에 따라 미끼도 다르고, 낚시도 다를 것이다. 예수님은 처음으로 제자들을 전도하러 내보낼 때에 정확한 전도대상자들을 정해주셨다. 즉, 그들과 똑같은 유대인들에게 복음을 전하라고 하였고, 이방인들이나 사마리아 고을로 들어가지 말라고 명령하였다(마 10:5,6).

예수님께서 전도 대상자들을 제한한 이유 중 분명한 한 가지는, 먼저 제자들이 전도하기 쉬운 자들이 유대인들이었기 때문이었을 것이다. 예수님은 결코 편애하지 않고 편견이 없으신 분이다. 전도 전략을 위해 유대인들에게 복음을 전하게 하신 것이다.

다른 사람들에게 복음을 전하지 않기 위해서 전도대상자들을 제한한 것이 아니라, 전도의 효과를 위해서 제자들에게 대상자들을 정해 주신 것이다.

오늘날 교회가 전도의 대상을 확실히 정하지 못하고 임의로 전도하다가 전도대상자가 생기면 그 전도대상자를 대상으로 전도할 것으로 계획하였다고 말하는 경우를 많이 본다. 한국교회는 전도에 열심은 있으나 전도의 전략과 평가, 그리고 특히 전도대상 선정에 있어서 매우 빈약하다. 모든 사람들에게 복음을 전해야 하는 것은 주님의 명령이지만, 각자에게 주어진 상황과 시간 속에서 모든 사람들에게 복음을 전하는 것은 불가능하다.

교회의 경우도 마찬가지이다. 누구에게 전도를 하고 있느냐는 질문에 대부분의 대답은 모든 사람들에게 전도한다고 대답한다. 또는 온 세상에 복음을 전해야 한다고 한다. 이것은 교회의 목표이고, 모든 교회의 기도이다. 그러나 실제적인 면에서 지역교회가 모든 사람들에게 복음을 전할 수는 없다. 세상의 어떤 교회도 모든 사람들에게 복음을 전하지 못한다. 그러므로 여러 종류의 교회가 세상에 존재해야 하는 것이다.

어떤 개체교회나 어떤 특정한 전략, 방법으로 복음을 모든 사람들에게 전할 수 없음을 알아야 한다. 복음의 내용은 변할 수 없으나, 복음의 전달 방식과 전도의 종류가 다양해야 한다. 그 이유는 사람들의 배경과 관심과 개성이 각각 다르기 때문이다.

전도에 어떤 방법이 가장 좋은가라는 질문은 의미 있는 질문이 되지 못한다. 전도대상에 따라 방법이 달라질 수밖에 없기 때문이다. 그러나 전도방법의 문제 이전에 전도대상이 문제라는 것을 생각해야 한다. 마치 물고기를 잡으려면, 물고기에 따라 미끼를 달리해야 하는 것과 마찬가지이다. 그러므로 교회가 위치하고 있는 지역의 특성을 잘 파악하는 것이 중요하다. 그 다음 그 사람들에게 맞는 전도의 방법이 무엇인가를 강구해야 한다.

상업적인 방송에서 청취자들의 기호에 따라 맞는 음악을 사용하고, 그 대상에 맞는 상업광고를 해야 효과가 있을 것이다. 예를 들면, 지나간 옛노래들을 많이 들려주는 방송국에서는 주로 장년이나 노년층의 사람들이 방송을 많이 듣기 때문에 그들에게 필요한 상업적인 방송광고를 할 수 있을 것이다. 그러나 젊은이들을 상대로 상업방송을 계획하고, 오늘날 젊은이들이 좋아하는 현대음악을 제공하지 않는다면 이러한 상업방송국은 청취대상을 잘못 이해하고 있기 때문에 성공하기 어려울 것이다.

새들백교회의 릭 워렌 목사는 새들백교회가 성장한 이유 중에 두 번째 이유를 전도의 대상에 두고 있다. 전도의 대상자가 결정되면 적극적으로 전도대상자들을 계속 찾는다. 그리고 전도의 방법론을 강구한다. 메시지는 성경에 결정되어 있지만, 전도의 대상은 언제, 어디서, 어떻게 복음을 전달해야 하는가에 따라 결정된다. 가장 중요한 것은 교회의 목적이 무엇인가를 분명히 이해하기 전에는 전도의 대상자를 생각할 수 없다는 것이다. 다시 말하면, 성경에서 가르치고 있는 전도의 중요성을 완전히 파악하지 못하고, 교회가 전도전략과 대상을 정하고 전도하게 되면, 이것은 하나님의 말씀에 입각하여 전도하는 것이 아니라, 시장성에 의해서 전도하기 때문에 결실을 거두지 못하게 된다.

복음에 관심 있는 사람들에게로 가야한다.

고기가 물지 않는 곳에서 계속 낚시를 하는 것은 시간낭비이고 헛수고이다. 지혜 있는 어부는 장소를 옮겨가며 고기를 잡는다. 이들은 고기들이 한 장소에 머물지 않고 시간에 따라 다른 장소로 옮기는 것을 잘 알고 있다. 또한 고기들이 언제나 미끼를 무는 것은 아니다.

사람들도 마찬가지이다. 삶의 변화에 따라 영적으로 변화가 따르게 되어 있다. 복음을 잘 받아들이는 삶의 시기가 있고, 그렇지 않는 때가 있다. 복음을 받아들이는 시기와 기회는 비교적 짧다. 예수님은 언제나 사람들이 복음을 들으려고 하는 곳에서 복음을 전하였다. 그러므로 성령께서 준비시킨 사람들이 있는 곳에서 전도하는 지혜를 얻어야 한다.

예수님은 마태복음 10장 14절에서, "누구든지 너희를 영접지 아니하고 너희 말을 듣지 아니하거든 그 집이나 성에서 나가 너희 발의 먼지를 떨어버리라"고 말씀하고 있다. 이 말의 의미가 무엇인가? 사람들이 복음에 무감각하고 반응이 없을 때에는 그 곳에 머물지 말라는 말씀이다. 우리는 다 익은 과실을 따려고 해야지 아직 설은 과실을 따려고 해서는 안 된다. 어느 곳이 추수기에 있고, 어떤 사람들이 추수기에 있는가를 알고 전도해야 많은 결실을 얻을 수 있다.

복음을 받지 않는 사람들에 대해 우리가 지나치게 염려할 것이 없다. 예수님께서는 먼지를 떨어버리고 다른 곳으로 가라고 말씀하고 있다. 사도 바울의 전도방법도 마찬가지이다. 복음을 받지 않는 곳에서 지체하지 않고, 시간을 허비하지 않고 다른 곳으로 옮겨가며 전도하였다.

마찬가지로, 우리도 복음을 받지 않는 사람들에게 초점을 맞추기보다는 우선적으로 복음에 관심을 보이고, 반응이 있는 사람들을 향해서 전략을 세우고 전도해야 한다. 복음을 받지 않으려고 하는 사람들보다는 복음을 기다리고 성령께서 이미 마음에 준비시킨 복음을 수용할 자들이 더 많이 있다는 사실을 기억해야 한다.

전도 받는 자의 입장에서 생각하는 법을 배워야 한다.

물고기를 잡기 위해서는 물고기의 습관, 좋아하는 것, 먹는 모양 등을 잘 이해해야 한다. 어떤 고기들은 조용하고 잔잔한 물을 좋아하고, 어떤 고기들은 흐르는 강물을 좋아한다. 어떤 고기는 물바닥에 붙어 다니기를 좋아하고, 어떤 고기는 바위틈에 숨어 살기를 좋아한다. 고기를 잡으려면 고기의 입장에서 생각하는 능력을 키워야 한다.

예수님은 불신자들의 마음을 잘 알고 그들의 입장에서 생각하시며 복음을 전하셨다(마 9:4; 12:25; 막 2:8; 눅 5:22; 9:47; 11:17). 예수님께서 불신자들과 좋은 관계를 가질 수 있었던 이유는 예수님은 언제나 불신자들의 입장에서 모든 것을 생각하고 있었기 때문에 예수님과 불신자들 사이에 장애물이 전혀 없었던 것이다.

골로새서 4장 5절에 보면, "외인을 향하여서는 지혜로 행하여 세월을 아끼라" 고 말씀하고 있다. 우리는 반드시 불신자들을 전도하기 위해 그들과 같은 입장에서 생각하는 능력을 키우지 않으면 안 된다.

예수를 오래 믿고 교회생활을 오래 한 사람들의 문제가 여기에 있다. 이러한 사람들이 전도하지 못하는 이유 중에 하나는, 불신자들의 마음과 입장을 이해하지 못하기 때문이다.

과거에 자신이 불신자였을 때에 생각을 할 수 없기 때문에 불신자들과의 대화가 어려워지는 것이다. 그러므로 신자들이 복음을 전할 때에는 의도적으로 불신자의 입장에서 생각하며 전도할 수 있는 능력을 키워야 한다.

릭 워렌 목사는 전도할 때 자신의 어려움을 솔직하게 고백하고 있다. 그는 어려서부터 목사의 집안에서 자랐기 때문에 불신자들의 마음과 입장을 이해하기 어렵다고 하였다. 더욱이 목사이기 때문에 전도할 때에 자신이 목사라는 의식 때문에 전도에 어려움이 많다고 하였다. 그래서 그는 불신자에게 전도할 때에는 의도적으로 불신자의 입장에서 모든 것을 생각하고 이해하며 전도하려고 애를 많이 쓴다고 말하고 있다.

대부분의 교회들의 문제가 여기에 있다. 전도할 때, 신자의 입장에서 전도한다. 전도문을 보더라도 불신자들이 이해할 수 없는 말을 사용하여 전도하려고 한다. 예를 들면, 불신자들에게 교회를 소개할 때에도, "정확무오한 하나님의 말씀을 전합니다."라는 말을 사용하는 교회가 있다. 신자들은 정확무오한 하나님의 말씀이 무슨 뜻인지 알지만, 불신자들을 전혀 이해하지 못한다.

오늘날 복음전파가 더욱 어려워지고 있다는 말을 많이 하고 있다. 그러나 복음전파가 어려워지는 것이 아니라, 복음전파의 전달방법이 잘못되어 있기 때문에 복음전파가 어려운 것이다. 불신자들에게 복음이 효과적으로 전달이 되고 있지 않다는 것이다. 그들에게 맞는 전도 방법이 적용된다고 하면 오늘날도 전도에 커다란 결실을 볼 수 있다.

그러면 어떻게 불신자들과 같은 입장에서 생각하고 전도할 수 있을 것인가? 불신자들과 관계를 가지고 그들과 대화를 많이 가지는 것이다. 오늘날 교인들이 전도하지 못하는 커다란 이유 중에 하나는 많은 시간을 다른 그리스도인들과 보내고 있기 때문이다. 그리스도인들이 불신자들을 친구로 가지고 있지 않다. 불신자들과 같이 사귀는 시간이 없으면 불신자들이 무엇을 생각하고 있는지 알 수 없는 것이다.

릭 워렌 목사가 새들백교회를 시작하기 전에 12주 동안 지역에 살고 있는 사람들을 집집마다 방문하면서 조사한 이유가 바로 여기에 있다. 로버트 슐러 목사도 수정교회를 시작하기 전에 1955년에 집집마다 방문하면서 수백명의 주민들에게 "교회에 나가지 않는 이유가 무엇인가" "교회에 대해 무엇을 기대하고 있는가?" 라는 질문을 하면서 조사를 했다. 릭 워렌 목사가 새들백교회를 시작하면서 지역주민을 대상으로 질문한 여섯 가지 설문내용이 있다.

- 지역에 가장 필요한 것이 무엇이라고 생각하는가?
- 교회에 정기적으로 나가고 있는가?
- 대부분의 사람들이 교회에 나가지 않는가?
- 나가고 싶은 교회를 찾는다면 어떤 교회를 찾고 싶은가?
- 당신을 위해 할 수 있는 일이 무엇인가?
- 사람들을 돕기 위해 목사에게 주고 싶은 충고가 무엇인가?

이 설문의 내용을 가지고 미국의 어떤 교단에서는 릭 워렌 목사의 자문을 받아 하루에 102개의 교회가 개척되는 놀라운 일도 있었다고 말하고 있다. 릭 워렌 목사는 그의 지역의 설문조사에서 네 가지 기본적인 불만이 사람들에게 있음을 알아내었다.

교회가 지루하다.

특히 설교가 지루하다. 설교의 내용이 삶에 부합되지 않는다. 설문조사 가운데 가장 많은 사람들이 이 점을 지적하고 있다. 릭 워렌 목사는 교회가 세상에서 가장 흥미 있는 책을 가지고 있으면서 사람들에게 가장 지루하게 만든다는 것이 참으로 놀라운 일이라고 말하고 있다. 이것은 이러한 교회들은 빵을 돌로 만들 수 있는 기적 같은 일을 하고 있다고 하였다. 설교자가 지루한 것은 사람들에게 하나님을 지루한 하나님으로 생각하게 만들기 때문이다. 그러므로 설교가 흥미 있게 들리기 위해서 릭 워렌 목사는 하나님의 말씀을 실제적으로 흥미 있게 전달할 수 있는 방법을 알아내기로 결심하였다. 교리적이고 성서적이기 때문에 설교가 지루한 것이 아니라, 설교를 실제 적용할 수 있는 방법을 제시하지 못하기 때문에 설교가 지루한 것이다. 불신자들은 설교를 듣고 난 다음 바로 월요일부터 실천할 수 있는 내용을 원하는 것이다.

교인들이 방문자들에게 대해 불친절하다.

교회에 가서 당황하지 않고, 환영받기를 원한다. 불신자들은 교인들을 가리켜서 자기들끼리 모인 도당이라고 한다. 방문자들이 교회에 처음 나갔을 때, 교회에서 사용하는 용어를 잘 알지 못하고, 찬송도 모르고, 예배의식도 모르면 자신들이 어리석은 자와 같이 느끼고 교인들에게 심판받은 듯한 느낌을 가진다고 한다. 불신자들이 교회에 처음 나왔을 때, 가장 크게 느끼는 감정은 두려움이라고 한다.

교회는 사람보다 돈에 더 관심을 가지고 있다.

불신자들은 방송망을 통해 교회들과 기독교 단체들이 모금하는 이야기를 많이 듣고 있기 때문에 교회의 헌금에 민감하다. 새들백교회에서는 교회원이 되지 않은 사람들에게는 헌금하지 않아도 된다고 말한다.

교회의 유아관리에 대해 염려한다.

새들백교회가 위치한 지역은 젊은 부부들이 많이 살고 있는 지역이기 때문에 이러한 불만이 나올 수 있다. 교회는 반드시 부모들에게 어린 아기들을 잘 보아 줄 수 있다는 확신을 심어주어야 한다. 새들백에 젊은 부부들이 많이 나오는 이유 중에 하나는 유아관리만큼은 철저하게 하고 있다는 사실을 유인물들을 통해 소개하고 있기 때문이다. 그러므로 젊은 부부들에게 전도하려면 유아관리 및 시설이 잘 되어 있어야 한다.

예수님은 제자들에게 전도에 전략이 있어야 한다고 말씀하셨다. 이리 가운데 양을 보냄과 같다고 하였고, 비둘기 같이 순결하고 뱀같이 지혜로와야 한다고 말씀하셨다(마 10:16). 전도할 때 불신자들이 주장하는 것이 무엇인가를 생각하며 불신자의 입장에서 늘 생각할 줄 알아야 한다. 릭 워렌 목사가 설문조사 가운데 놀라운 사실은 신학적인 불만이 하나도 없었다는 것이다. 한 사람도 교회에 나가지 않는 이유가 하나님을 믿지 않기 때문이라고 말한 사람이 없다는 것이다. 많은 사람들이 하나님은 믿지만, 교회가 내가 필요한 것을 채워주지 못하는 것 같기 때문에 교회에 나가지 않는다고 말한 사람은 많다는 것이다. 그리고 자신들이 무신론자라고 말한 사람도 거의 없다는 것이다. 대부분의 불신자들은 교회에 대해 잘못 알고 있다는 것이다.

릭 워렌 목사는 모든 설문조사의 내용을 종합하고, 새들백교회가 그들의 질문에 대한 해답을 제시하는 교회라는 사실을 편지로 보냈다. 물론 이러한 편지는 믿음으로 한 것이다. 이 편지를 보낼 때 아직 첫 예배도 드리기 전이었다. 앞으로 믿음을 가지고 그러한 교회가 될 것을 바라보고 편지를 지역 주민들에게 보낸 것이다.

편지 서두에서 새들백교회의 방향을 말해주는 '교회 나가지 않는 사람들을 위한 교회' 라는 교회라고 밝혔다. 그리고 편지 전체의 내용은 이미 교회에 나가는 사람들을 초청하는 것이 아니라, 교회에 나가지 않는 사람들을 초청한다는 어투로 편지를 썼다. 물론 이 편지를 받은 그리스도인들 가운데 불평의 편지들이 있었는데, 왜 예수라든가 성경이라는 말을 편지에 전혀 사용하지 않았냐는 것이었다.

어떤 그리스도인은 릭 워렌 목사가 과연 구원을 받은 목사인가까지 의심하는 편지를 보냈다고 한다. 이들은 모두가 새들백교회가 누구를 목표로 하고 교회를 시작하고 있는가를 전혀 모르고 있었던 것이다. 이러한 내용의 편지 때문에 첫 예배에 205명이 참가하였다. 그리고 10주내에 이 가운데 82명이 예수님을 주님으로 영접하고 거듭나게 되었다.

불신자들의 문화를 이용하여 전도하여야 한다.

전도전략의 핵심은 불신자들이 사용하는 말과 문화를 이용해서 전도하는데 있다. 불신자들에게 복음을 효과적으로 전하는데 몇 가지 지침을 릭 워렌 목사는 제시하고 있다.

불신자들의 문화를 이해하고 적응하라.

예수님은 제자들에게 어느 마을에 들어가던 그들 앞에 놓여져 있는 것을 먹으라고 명하였다(마 10:8). 이 말의 의미는 하나의 음식에 대한 교훈일 뿐만 아니라, 그 마을의 문화에 대해 민감하라는 뜻이다. 다시 말하면 전도대상자들의 문화 속으로 들어가서 적응하라는 말씀이다. 성경의 원리에 어긋나지 않는 범위 내에서 그 지역의 문화에 적응해야 한다.

릭 워렌 목사가 신학교 시절에 일본에 가서 단기 학생선교사역을 한 적이 있다. 그때 그는 일본음식을 좋아하지 않았지만 먹었던 것은 일본사람들을 전도하기 위해서라고 하였다. 문화적인 차이 때문에 복음을 바로 전하지 못하는 경우가 많이 있다. 어떤 사람들은 문화에 적응하는 것은 신학적으로 진보적인 입장을 취하는 것이라고 말하는 사람도 있다.

이러한 문제는 이미 사도행전 15장에 잘 나타나 있다. 이 당시에 이방인들이 믿게 될 때에 유대인의 관습과 문화를 따라야 진정한 그리스도인이 될 수 있는가라는 주제로 가지고 회의를 했을 때 사도들과 장로들은 모두 그럴 수 없다는 입장을 취하였다. 이때부터 기독교는 새로운 문화에 적응하며 복음을 전 세계에 전파하기 시작한 것이다.

복음은 언제나 어떤 문화를 통해서 전달된다. 그러므로 문화적으로 공백되어 있는 교회는 이 지상에 하나도 없다. 교회는 인간들이 모인 집단이기 때문에 반드시 인간의 문화로 표현되게 되어 있는 것이다. 2000년 동안에 기독교는 여러 문화 속에서 적응되어 왔다. 만일 문화에 적응하지 않았다고 하면, 기독교는 지금도 유대인의 종교로 남아있을 것이다. 만일 우리가 현재의 신앙의 문화적인 표현만이 진정한 것이라고 주장한다면, 2000년의 기독교 역사를 무시하는 것이 될 것이다.

전도할 때에 우리는 불신자들의 문화를 잘 이해하고 복음을 전해야 한다. 마치 고기를 잡으려고 배를 타고 호수에 나갔을 때 고기들이 자동적으로 배에 뛰어오지 않고, 물속의 문화와 물밖의 공기의 문화가 다른 것처럼, 불신자들이 교회가 있다고 무조건 교회 안으로 들어오지 않기 때문에 교회가 그들의 문화 속으로 파고 들어가야 하는 것이다. 어느 문화 속으로 들어가든지 그들에게 맞는 어떤 문화적인 면에서 양보를 하지 않으면 안 된다. 예를 들면, 새들백교회의 경우 이들은 편안하고 의식을 차리지 않는 남가주 지역의 복장을 입기로 한 것이다. 그 이유는 해변이 가까이 있고, 기후가 언제나 해가 나 있고, 날씨가 일년내내 온화하고, 사람들이 미국의 다른 지역과 같이 정장하기를 원하지 않기 때문이다.

전도대상자에 따라서 접근방식을 달리하라.

고기를 잡을 때 고기의 모양과 종류에 따라서 낚시를 달리 사용하는 것과 같이 전도할 때에도 접근 방식을 달리해야 한다. 사도 바울도 그의 전도 대상자에 따라 방법을 달리하였다. 그의 전도 전략이 고린도전서 9장 9절로 12절에 잘 나타나고 있다. 어떤 사람들은 바울이 사역마다 다르게 행동하는 것으로 보고 변덕장이라고 비난할 수도 있다. 그러나 바울이 이렇게 한 이유는 그의 전도 전략 때문이다. 바울의 동기는 어떠한 방법으로든지 사람들이 구원받기를 원하는 것이었다. 예수님께서 전도 대상자에 따라서 전도의 방법을 달리하였다. 예수님은 복음서에 나타난 대로 한 가지 일정한 방법으로 전도하지 않았다. 사람들이 처해 있는 상황과 환경 속에서 복음을 각각 다른 방법으로 전하였다. 예를 들면, 우물가에서 복음을 전할 때에는 영원히 목마르지 않는 물에 관해서 말씀하셨고, 어부들에게 복음을 전할 때에는 사람을 낚는 어부에 관해 말씀하셨고, 농사짓는 사람들에게 복음을 전할 때에는 씨를 뿌리는 비유를 들어 복음을 전하였다.

불신자들의 필요를 충족시키며 복음을 전하라.

예수님은 사람들을 만날 때 언제나 그들의 괴로움과 필요에 관심을 가지고 복음을 전하기 시작하였다. 그의 제자들을 전도하러 내보내실 때에도 병든 자를 고치고, 죽은 자를 살리고, 문둥이를 깨끗이 하고, 귀신을 쫓아내라고 명하셨다(마 10:8). 여기에 인간의 모든 필요와 아픔들이 나타나 있음을 주지할 필요가 있다. 사람들은 고통 받을 때 그 고통이 육신적이든 정신적이든 낫기를 원한다.

예수님은 언제나 사람들의 고통과 필요의 문제를 해결해 주시는 사역을 하였다. 문둥병자가 예수님께 왔을 때 예수님은 레위인들의 정결케 하는 율법에 관해 길게 강해하지 않으셨다. 간단히 그를 깨끗이 고쳐 주셨다. 예수님은 병든 자, 귀신에 들린 자들도 모두 현장에서 직접 즉시 고쳐 주신 것이다. 예수님은 결코, 단 한 번도, "미안합니다. 내 설교 일정 때문에 고칠 수 없습니다. 오늘 나는 계속해서 신명기를 강해해야 합니다."라고 말한 적이 없었다.

만일 교회가 불신자들을 위한 교회가 되고 불신자 전도를 위한 교회가 되려면 교회 안에 문제 있는 사람들에 대한 많은 인내와 참음이 필요하다. 고기를 잡는 일은 사실, 지저분하기도 하고 냄새나는 일임을 기억할 필요가 있다. 많은 교회들이 이미 잡혀져 가지고 무게와 종류에 따라 나뉘고, 속의 창자가 다 청소되고, 깨끗이 해서 잘 요리된 고기를 원하고 있다. 이렇기 때문에 교회가 한 사람도 전도하지 못하는 것이다.

불신자들이 교회를 중단하는 이유를 이해하고 반응하라.

불신자들은 교회가 헌금을 요구할 때, 교회가 어떤 죄책감을 주고 어떤 두려운 동기의식을 부여하거나, 매 주일마다 교회 출석을 기대할 때, 또는 처음 방문자들을 일으켜 세우고 소개할 때 교회를 나오지 않는다. 이러할 때 교회는 가능한 한 빠른 시일 내에 조치해야 한다. 예를 들면, 남가주 지역에서는 교단의 이름을 교회 이름에 사용하는 것에 대하여 매우 부정적인 반응을 보이고 있다.

그래서 릭 워렌 목사는 그의 교회 이름을 새들백교회라고 간단히 정하고 있다. 지금 미국에는 교단의 배경을 중요시 여기지 않고 사람들은 교단과 관계없이 개교회적인 신앙노선과 목회자에 따라 교회를 바꾸고 있다. 1988년 갤럽조사에 의하면 미국의 개신교 교인들 가운데 33%가 교단을 바꾸었다고 보고하고 있다. 지금은 그 숫자가 더욱 높아졌을 것이다. 교회를 정할 때 교단을 보지 않고, 교회의 사역과 프로그램을 보고 정한다고 하는 것이다.

필요할 때에는 방법을 변경하라.

낚시를 하루 종일 하는 경우에 시간에 따라 낚시 밥을 바꾸는 것과 마찬가지로, 시대에 맞는 전도방법을 택해야 한다. 어떤 교회는 지금도 1950년대의 전도방법을 사용하고 있다. 미래의 성공의 가장 큰 장애물은 과거의 성공의 방법이라는 것을 기억해야 한다.

다양한 전도방법을 사용하여야 한다.

현대인들은 다양한 것들을 좋아한다. 텔레비전 방송도 지금은 다양한 채널들이 있어서 시청자의 기호에 맞는 방송을 언제나 시청할 수 있다. 음료의 종류도 다양해졌다. 코카콜라에도 한 종류만 있는 것이 아니라, 다섯 가지 이상의 종류의 코카콜라가 있다. 지금 미국에는 한 주에 200개 정도의 새로운 식품들이 개발되어 시장에 판매되고 있고, 매년 300개 종류 이상의 잡지들이 판매되고 있고, 리바이(Levi) 라는 의류회사는 지금 70,000 종류의 다른 모양과 규모와 형태와 천들로 생산하고 있다고 한다. 이것은 모든 분야에도 선택이 여지가 많아진 것을 말해 준다.

그러나 교회의 예배의 경우, 대부분의 교회가 오전 11시 예배에 참석하는 길밖에 다른 길이 없다. 사람들에게 복음을 효과적으로 전하기 위해서는 예배의 시간과 예배의 형식을 바꿀 필요가 있다. 성장하는 교회들이 다양한 프로그램과 다양한 예배와 다양한 장소를 제공한다. 가능한 모든 사람에게 복음을 전할 수 있는 방법을 강구하자는 것이다. 이러한 전도 방법은 제리 화웰(Jerry Falwell)은 '침투전도' 라고 하였다.

모든 가능한 사람들이 모든 가능한 사람들에게 모든 가능한 방법으로 전도하자는 방법이다. 왜 교회들이 다양한 방법을 사용하지 못하고 있는가? 질문을 잘못하고 있기 때문이다. 즉, 다양한 전도방법에 예산이 얼마나 드는가 하는 질문을 하기 때문이다.

이것은 잘못된 질문이다. 올바른 질문은 누구에게 전도할 것인가? 영혼의 가치가 얼마나 귀한가? 백만원짜리 신문광고를 내어 한 영혼을 주님께 인도할 수 있다면 이것은 진정 가치 있는 전도방법이 될 수 있다.

지역주민에게 전도하는 일에 재정지원을 해야 한다.

교회가 진정한 전도전략을 세우고 전도하는 데에는 돈이 들어간다. 그러므로 전도전략 가운데 재정적인 문제에 대해 바른 이해를 가지는 것이 중요하다.

전도를 위한 재정은 소비가 아니라 투자이다.

사람들이 전도를 받고 교회에 들어올 때 전도할 때에 사용된 비용이 반드시 갚아지게 되어 있다. 릭 워렌 목사는 자신이 경험한 간증을 소개하고 있다. 그가 처음 새들백교회를 개척하고 집에서 모여 성경공부를 하고 있을 때 6,500불의 빚을 가지고 첫 예배 준비를 하고 있었다. 돈은 교인들이 신용카드를 이용해서 빌렸다고 한다. 그리고 전도를 위해 헌금을 할 때 하나님께서 그들에게 반드시 갚아주신다는 확신을 가지고 있었다고 한다. 그런데 첫 예배를 드리기 전에 창립준비예배에서 기적이 일어났다. 가정에서 모이는 성경공부에 전혀 나오지 않았던 한 사람이 헌금시간에 천불짜리 수표로 헌금을 한 것이다.

창립예배를 드리고 4개월 만에 모든 교인들의 빚을 청산할 수 있었다고 하였다. 그러나 릭 워렌 목사는 교회의 재정을 위해 자기들과 같이 신용카드를 가지고 빚을 내지 말라고 부탁하고 있다. 교회가 재정적으로 어려워질 때 제일 먼저 감소시키는 재정항목은 전도와 광고라고 한다. 그러나 사실, 전도와 광고는 마지막까지 지출해야 할 항목들이다. 이유는 전도가 교회의 피와 생명의 근원이 되기 때문이다.

교회는 교인들이 필요에 따라서 헌금하는 것이 아니라, 비전에 따라서 헌금한다는 사실을 알아야 한다.

만일 교회들이 필요에 따라서 헌금을 한다고 하면 교회마다 재정이 풍성해질 것이다. 사람들이 헌금하고 싶어 하는 마음은 교회의 필요 때문이 아니라, 교회가 제시하고 나아가는 비전 때문이다. 헌금이 많이 나오는 교회는 비전을 제시하고 있기 때문이며, 비전이 있기 때문에 계속 재정이 늘어갈 수 있는 것이다(눅 19:26). 만일 교회가 재정적으로 어려움이 있다면 교회의 비전을 재확인해 보아야 한다. 비전이 분명한가? 비전이 효과적으로 전달되고 있는가? 성령께서 주시는 아이디어와 하나님께서 이루시는 꿈에는 반드시 물질이 따르게 되어 있다. 교회의 재정문제는 비전의 문제이다.

전도를 위해 사용한 물질은 반드시 환원된다.

마태복음 17장에서 예수님은 베드로에게 물고기 입에 있는 돈을 찾아서 로마에 세금을 내라고 말씀하고 있다. 27절에 보면 고기의 입에 돈이 있다는 사실을 발견한다. 돈은 언제나 고기의 입에 있다.

다시 말하면 교회가 전도하는 일에 집중하게 되면 하나님은 반드시 물질적인 축복을 주신다. 유명한 선교사 허드슨 테일러의 말을 기억해야 한다. "하나님의 방법으로 하나님의 일을 행하면 하나님의 지지가 부족하지 않을 것이다."

전도대상자와 사역방법들

교회는 전도사역을 시작하기 전에 먼저 전도대상자를 확정해야 하고, 전도대상자들이 확보된 다음에 그들을 위한 구도자 예배를 신설할 수 있다. 개인전도도 그러하지만, 교회가 지역사회를 대상으로 하여 전도적인 사역을 하고자 할 때에는 전도대상에 대한 연구와 분석이 있어야 하고, 교회 자체적으로도 목회자 자신과 교회원의 구성과 특징 등을 살피며 교회가 접근할 수 있는 전도대상자들을 찾아야 한다.

교회성장은 전도대상자들을 어떻게 찾아서 그들을 교회로 인도할 수 있는가에 달려 있다. 구도자들을 위한 예배의 신설이 있기 전에 반드시 구도자가 어떤 자들인가를 파악하지 않으면 안 된다. 현재 미국의 성장하는 교회는 이러한 전도 대상자들의 요구와 필요가 무엇인가를 인지하고 그들에게 거부감을 주지 않으면서 복음을 전할 수 있는 소위 주말 구도자 예배를 드리는 교회들이 많이 있다. 새들백교회는 같은 전도사역 중심의 교회성장을 추구하고 있다. 여기에서, 전도대상자 확인방법과 고려해야 할 점, 그리고 구도자 예배철학과 예배의 요소 등을 새들백교회를 통해서 소개하려고 한다.

신약성경을 보면, 전도는 자연스럽게 인간관계를 통해서 이루어지는 것을 쉽게 알 수 있다. 예를 들면, 안드레가 그리스도를 만난 후에 그의 형제 시몬 베드로에게 전도하였다. 빌립은 그의 친구 나다나엘에게 즉시 전도하였다. 세리 마태는 다른 세리들을 위해 전도저녁만찬회를 개최하였다. 수가성의 여인은 모든 동네 사람들에게 그리스도를 전하였다. 이러한 예들을 성경에서 많이 찾아 볼 수 있다. 이러한 성경의 실례에서 발견할 수 있는 전도의 최상의 전략은 이미 같은 공통점을 가지고 있는 사람들에게 복음을 전한다는 것이다.

전도의 효과를 가장 많이 올릴 수 있는 방법은 자신과 공통점을 가진 사람이다. 교회마다 사람마다 각각 전도대상과 전략이 다를 수 있다. 그러나 교회적으로 전도대상자를 정하는 데는 개인전도와 달리 여러 가지 장애가 있다. 즉, 신학적인 문제, 관계적인 장애, 감정적인 장애, 삶의 스타일의 장애, 그리고 문화적인 장애가 있을 수 있다. 교회의 문화적인 장애를 생각하면서 어떤 사람들에게 전도하는 것이 최대의 결실을 가져올 수 있는가를 생각해 보아야 한다.

교회마다 각각 다른 교회 문화가 있다. 교회의 문화는 "교회에 어떤 사람들이 이미 출석했는가?" 하는 질문으로 정할 수 있다. 이미 교회에 출석한 사람들이 있었다는 것은 그러한 사람들에게 교회가 관심이 되고 있다는 것이다. 지금까지 참석했던 사람들과 전혀 다른 사람들을 새롭게 교회로 인도한다는 것은 거의 불가능한 이야기이다.

교회에 처음 방문자들이 올 때, 종교적인 질문의 해답을 얻고자 오지 않고 문화적인 문제를 가지고 찾아온다. 그들은 마음속에서 "이 교회에 나와 비슷한 사람이 있는가?" 하고 그런 사람들을 찾아본다. 나이 많은 노인들이 교회를 방문하는 경우에는 그들과 같은 노인들이 있는가 살펴보게 된다. 군인들은 군인들을 찾고, 학생들은 학생들을 찾고, 아기들을 가진 젊은 부부들은 같은 나이 또래의 아기들을 가진 젊은 부부들이 있는가 찾아본다. 만일 처음 방문한 경우 자기들과 비슷한 사람들이 있으면 다음 주에 다시 교회를 찾아온다. 물론 교회는 같은 종류의 사람들만 모여서는 안 된다. 그러나 전도할 때에 같은 나이에 같은 입장과 같은 문화 속에 있는 사람들에게 복음을 전하는 것이 효과적이고, 이러한 사람들이 모여서 다양한 사람들의 교회를 형성하게 되는 것이다.

두 번째 교회의 문화를 아는 방법은 교회의 문화적인 배경과 교회 지도자들의 개성은 어떠한가를 아는 것이다. 교회의 사례를 받고 일하는 지도자들과 평신도 지도자들의 개성과 특성은 사역에 절대적인 영향을 미친다. 처음 교인들이 방문할 때에는 목회자와 일치성을 찾기 어렵지만, 일단 방문자가 목회자와 일치성을 찾으면 반드시 다시 교회를 찾는 것으로 통계가 나와 있다.

목회자들이 이러한 질문을 자문자답해 볼 필요가 있다. 나는 어떤 종류의 사람인가? 나의 문화적인 배경은 어떠한가? 내가 비교적 잘하는 것이 무엇이고 어떤 일들을 어렵게 생각하는가? 이러한 질문에 대한 정확하고 솔직한 대답이 나올 때 어떤 사람들을 대상으로 하여 목회를 할 수 있는가를 잘 알 수 있다. 목회자마다 성격이 다르고 취미가 다르기 때문에 목회 대상자들이 각각 다를 수 있다. 릭 워렌 목사의 경우는 사업가들과 전문직에 있는 사람들과 관계를 가지고 일할 때 상당히 편안하다고 말하고 있다. 새들백교회는 이러한 사람들이 많이 출석하고 있다.

목회방향을 설정하는데 두 가지 원리가 있다. 첫째는, 관계를 가질 수 있는 사람들을 전도하는 것이다. 당신이 쉽게 어울릴 수 있고, 편안한 관계를 가질 수 있는 사람들을 찾아 전도하는 것이다. 두 번째로, 지도자 자신의 나이와 비슷한 사람들에게 전도하라는 것이다.

새들백교회가 시작될 때 릭 워렌은 26세였는데, 처음에 모인 45명의 교인들이 모두 젊은 사람들이었다. 교회가 성장하면서 장년들을 전도하기 위해 장년담당 사역자를 두었고, 이제 릭 워렌이 중년이 되었기 때문에, 20대 젊은이들을 전도하기 위해 자신보다 젊은 사역자들을 두고 있다고 말하고 있다.

자신의 나이와 전도의 대상자는 중요한 관계가 있고 편안한 관계를 가질 수 있는 그룹의 사람들을 전도대상자로 삼아야 한다. 물론, 이 두 가지 원리에 예외인 경우도 있을 것이다. 그것은 전도자가 특별히 선교사적인 은사가 있어서 배경과 나이와 문화가 전혀 다른 사람들에게도 복음을 효과적으로 전하는 것이다. 사도 바울이 그러한 경우가 될 것이다. 그는 히브리 사람 중에 히브리 사람이지만, 이방인을 위한 사도가 되었다(빌 3:5 참조). 또한 어떤 목사는 농촌 출신이지만, 도시에서 목회를 성공적으로 하는 경우도 있다.

목회자와 교인이 문화적으로 잘 맞아야 하고, 또한 목회자들과 교인들은 물론, 교회가 위치하고 있는 지역의 사람들의 문화와 잘 맞아야 한다. 이러한 경우에 교회가 폭발적인 성장을 할 수 있는 것이다. 교회가 교인과 주민들이 같은 문화와 배경을 가질 때 교회는 성장하게 되는 것이다.

목사와 교인이 맞지 않는 경우 성장 없는 목회를 할 수 있다. 문제는 헌신이 아니라, 배경의 차이이다. 아무리 신령한 목회자라 할지라도 지역이 맞지 않으면 평범한 결실 밖에 맺을 수 없다. 릭 워렌 목사도 같은 말을 하고 있다. 자신과 새들백의 문화가 맞아 떨어졌기 때문에 오늘의 새들백교회가 있는 것이며, 만일에 맞지 않는 지역에서 사역하였다면 자신도 여전히 어려움 속에서 고전하고 있을 것이라고 말하고 있다.

만일 지역이 목회자 자신에 맞는 지역이 아니라는 확신이 생기면 맞는 지역을 찾아 떠나가는 것이 현명하다고 릭 워렌 목사는 충고하고 있다. 하나님께서 부르실 때는 맞는 지역을 준비하고 있기 때문에 맞는 지역을 찾아가서 목회하는 것이 하나님의 뜻이라고 말한다.

오렌지카운티 지역에서 불신자들을 대상으로 조사한 결과 교회를 선택하는 이유가 몇 가지로 밝혀졌다. 담임목사 때문에 교회를 선택하는 경우는 30%이고, 친절함 때문이 17%, 교회행사 활동 때문에 15%이고, 교회의 위치가 12%, 그리고 교회의 교리가 12%, 교단과의 관계는 7%로 나타났다. 즉, 담임목사의 역할이 가장 중요한 것으로 나타났다.

교회의 영적지도자들은 다음과 같은 사항을 기억해 두는 것이 좋다. 교인 앞에서 진실하고, 교인들의 이름을 암기하고, 예배 전후로 교인들과 개인적으로 인사해야 하고, 사람들과 교제하고 접촉한다. 교인들에게 비공식적인 편지를 보내고, 인상으로 주려고 하지 말고 영향을 주는 지도자가 되도록 해야 한다. 교회가 성장하기 위해서는 교인들의 다양성을 인정해야 하고 그 차이점들을 서로 받아주어야 한다.

다시 말하면, 교인들 각자의 헌신과 성숙의 차이점, 서로 다른 교회와 교단의 배경, 핵심적인 교리가 아닌 문제들에 대한 서로의 다른 이해를 서로 용납해 주어야 한다.

교회가 속한 지역의 주민들은 변화가 있다. 그러나 교회 안의 교인들은 변하지 않는다. 만일에 교회가 지역주민과 잘 맞지 않는 경우는 어떻게 할 것인가?

강점을 살려가라.

교회가 본색을 버리지 말라는 것이다. 만일 교회가 노인들로 주로 구성이 되어 있다면 노인사역을 적극적으로 밀고 나가는 것이 좋다. 노인들이 많은 교회에서 젊은이 중심의 교회가 되려고 하지 말아야 한다. 이미 하고 있는 것을 더욱 강조하여 집중적으로 사역할 것이며, 없는 것으로 새롭게 시도하지 않아야 한다.

새로운 교인들로 바꾸라.

전도대상에 맞는 교회로 변화하기 위해서 의도적으로 교인들을 바꾸는 것이 좋을 것이다. 그러기 위해서는 교회의 옛 프로그램, 구조, 예배형식을 모두 새로운 것으로 바꾸어야 한다. 그러나 이 방법은 상당히 위험하기 때문에 릭 워렌 목사는 사실, 이 방법을 추천하지 않는다. 교인들 전체를 물갈이를 하는 데는 많은 시일이 소요될 뿐만 아니라, 그 과정에 많은 고통이 따르기 때문이다. 교인들의 비판을 감수해야 하고, 인내하지 않으면 목회자가 원하는 교회로 바꿀 수 없다. 릭 워렌은 이것은 순교적인 방법이기 때문에 이미 교인이 100명이 넘는 경우에는 이 방법을 사용하지 말것을 권장하고 있고, 50명 정도의 교인인 경우에 반드시 필요하면 이 방법을 사용할 수 있다고 말하고 있다.

새로운 예배를 신설하거나 지교회를 시작하라.

세 번째 가능한 방법은 릭 워렌 목사가 강력하게 추천하는 방법으로 예배를 새롭게 신설하거나 지교회를 새롭게 개척하는 것이다. 교회를 지역주민에 맞추어 개척하는 데는 두 가지 방법이 있다. 첫째는 현재 기존예배에다가 새로운 예배를 신설하는 것이다.

현재 예배드리는 스타일과 다르게 지역주민을 대상으로 하여 맞는 예배형식으로 새로운 예배를 신설하는 것이다. 현재 미국교회 안에는 다양한 지역 주민들을 대상으로 예배를 2부 3부로 신설하여 예배드리는 교회들이 많이 있다.

두 번째 방법은 지교회를 세우는 것이다. 지교회는 재정적으로 독립 운영하도록 한다. 건강한 교회는 반드시 재생산성이 있다. 건강한 사람들이 자녀들을 낳는 것과 같이 교회는 언제나 지교회를 세워나가며 주님의 지상명령에 순종해야 한다. 교회가 새로운 지교회를 개척하기 위해 반드시 대형교회가 되어야 할 필요는 없다. 새들백교회는 교회개척 1년만에 지교회를 세웠다. 새들백교회는 매년 새로운 지교회를 세워나가고 있다. 15년만에 25개의 개척교회를 세웠다. 이 가운데 한인 이민교회가 두 개나 있다.

주민들의 영적 수용성을 알아야 한다.

사람들마다 영적 수용성은 다양하다. 예수님도 씨뿌리는 비유에서 이 사실을 교훈하고 있다(마 13:3-23). 씨가 떨어지는 토양이 다르듯이 사람들이 복음을 받아들이는 수용성의 정도도 다르다. 어떤 사람은 복음을 잘 받아들이는가 하면, 어떤 사람은 복음에 대해서 무감각하다. 전도에서 큰 효과를 얻기 위해서는 옥토와 같은 마음을 가진 사람들에게 복음을 전하는 것이다. 이때에 백 배의 결실을 얻게 된다.

어떤 농부도 결실할 수 없는 땅에 귀한 씨앗을 허비하고 싶어 하지 않는다. 마찬가지로, 계획 없이 아무렇게 복음을 전하는 것은 선한 청지기의 사명을 다하는 것이 되지 못한다. 그리스도의 복음은 너무도 귀하기 때문에 복음의 씨앗을 옥토에 뿌리기 위해서 시간과 돈과 힘을 마땅히 기울여야 한다. 우리는 세상에 복음을 전하는데 절대적으로 전략이 있어야 하며 우리의 노력이 헛되지 않도록 해야 한다.

교회 안에서도 영적인 수용도는 마치 바다의 밀물과 썰물과 같이 변화가 계속된다. 삶의 여러 상황에 따라 복음을 받아들이는 마음의 자세가 달라진다. 하나님은 여러 가지 방법을 사용하셔서 마음을 부드럽게 하셔서 구원을 받도록 하신다.

어떤 사람들이 영적으로 복음을 가장 잘 받아들일 수 있는 사람들인가? 크게 두 가지로 나누면, 변화와 긴장 속에 있는 사람이다. 하나님은 이러한 변화 속에 고통을 통해서 복음에 관심을 가지게 하는 것이다.

변화 중에 있는 사람들이 복음에 민감하다.

사람은 긍정적인 변화이든, 부정적인 변화이든 삶의 어떤 변화 속에 있을 때 영적인 일에 관심을 가지게 되어 있다. 지금 세상에 많은 변화가 오고 있고, 미래에 대한 불안 때문에 복음에 민감한 반응을 보이는 사람들이 많이 있다. 앨빈 토플러(Alvin Toffler)가 말하고 있는 대로, 사람들은 "안정의 섬"을 찾고 있다. 이러한 사람들의 변화의 파도를 교회가 잘 포착해야 한다. 워렌 목사는 새들백교회에서 사람들이 복음에 민감한 반응을 보일 때가 바로 변화 중에 있는 사람들이라고 말하고 있다.

예를 들면, 신혼, 첫아이 출산, 새 집 장만, 새 직장, 새 학교 등으로 옮겨지는 변화 속에서 사람들은 보다 성장이 된다고 한다. 새로운 단지나 지역에 교회가 시작될 때 교회가 비교적 성장을 하는 이유가 바로 이런 이유이다. 오랫동안 한 장소에서 살던 사람들보다는 새로운 지역으로 이사한 사람들이 교회에 대한 관심이 훨씬 많은 것이다.

긴장 아래 있는 사람들이 복음에 민감하다.

하나님은 사람들의 여러 가지 감정의 변화를 통해서 사람들의 관심을 하나님께 집중시키신다. 즉, 이혼의 고통, 사랑하는 사람과의 사별, 실직, 재정적인 어려움, 결혼과 가정의 어려움, 고독, 분개, 원망, 죄책감, 스트레스와 같은 것들을 통해서 보다 영적으로 변한다. 두려움이나 불안감 속에 있는 사람들은 안정과 확신을 얻기 위해 더욱 큰 힘을 의지하려는 마음을 가지게 되고, 고통과 괴로움을 이기기 위해 자신보다 어떤 영적인 힘을 의지하려는 마음이 사람들에게 있다. 릭 워렌 목사는 자신의 15년의 목회경험을 통해서 다음의 열 가지의 사람들이 복음을 가장 잘 받아들이고 있다고 한다.

· 교회에 두 번째 방문하는 사람들
· 새신자의 가까운 친구나 친척들
· 이혼수속 중에 있는 사람들
· 회복(술, 마약, 성도착증 등) 프로그램에 있는 사람들
· 첫 출산을 한 부모들
· 불치병에 걸린 사람과 그의 가족들
· 결혼문제 가운데 있는 부부들
· 문제아를 가진 부모들
· 근래 실직되었거나 재정적인 어려움 속에 있는 사람들
· 지역에 새로 이사 온 사람들

교회는 전도대상자들을 위한 적합한 프로그램을 개발해야 한다. 새로운 교인들을 교회 안으로 인도할 수 있도록 해야 한다. 어떤 교회는 현재 있는 교인들을 다시 재훈련시켜서 교회를 변화시키려고 한다. 그러나 이러한 경우에는 교회가 성장하지 않고 오히려 감소하는 경우가 많다. 이미 있는 기존 신자들을 변화시키는 데는 전도해서 새

신자를 만드는 일보다 다섯 배의 힘이 든다고 릭 워렌 목사는 말하고 있다.

기존 교회를 변화시키는 데는 적어도 40년 한 세대가 걸린다고 말하는 목사도 있다. 이 말은 결국 교회가 변화되려면 현재의 기존 교인들의 세대가 지나가야 한다는 말과 같다. 그러므로 교회는 끊임없이 전도하여 새신자들이 교회 안에 들어와서 교회가 늘 새로워져야 한다. 그러기 위해서는 교회는 지역 주민들을 대상으로 하여 적합한 전도방법과 전략을 세워야 하고, 지역 주민에 맞는 교회사역과 프로그램을 개발하여야 할 것이다.

새교인 정착과 교회원의 가치

일반 불신자들이 전도를 받고 교회에서 신앙생활 하기로 결신한 자들이 있게 되면, 교회의 관심은 자연히 그들을 어떻게 교회의 정회원으로 만들어서 그들의 신앙을 성숙시켜 나갈 수 있도록 하는가 하는 문제일 것이다. 지역사람들은 '저 교회' 라고 말하고, 교회에 나오기 시작한 사람은, '이 교회' 라고 말하고, 등록한 교인은 '우리 교회' 라고 말하면서 교회에 대한 소속감을 가지고 교회생활을 시작하게 된다. '이 교회' 라고 생각하던 사람들이 변하여 '우리 교회' 라고 고백할 수 있도록 교회는 적극적인 동화의 방법을 강구해야 한다.

미국교회도 한국교회와 같이 소위 '떠돌아다니는 신자' 또는 쇼핑하는 교인들이 많이 있다. 그러나 중요한 것은 신자라는 말의 의미에는 소속된 지역교회가 있다는 것을 내포하고 있다. 지역교회에 소속하지 않은 신자는 신자라고 말하기 어렵다. 그러나 오늘날 신자라고 하는 사람들이 이 교회에서 저 교회로, 저 교회에서, 또 다른 교회로 옮겨다니며 자신의 정체성을 감추고, 책임과 헌신적인 그리스도인의 삶을 기피하고 있는 것이다.

1960년대만 하더라도 한국교회은 떠돌아다니는 신자들이 많지 않았던 것 같다. 필자의 생각에는 한국교회에 떠돌아다니면서, 교인의 의무와 책임을 회피하는 교인들이 생기기 시작한 것은 1980년대의 경제성장으로 인한 도시화 현상과 뿌리없는 교회생활과 자아만족주의적인 사고방식에서 시작되지 않았나 생각한다.

미국교회가 개인주의가 팽배해지기 시작한 것을 1960대부터라고 말하는 학자들이 많이 있는데, 이때부터 소위 베이비 부머세대 교인들이 교회의 전통을 중요시하지 않고 어떤 특정한 교회나 교단에 소속을 거부하고, 개인적으로 자유롭게 자기 취향에 맞는 신앙생활을 추구하여 왔다고 한다. 이러한 신자들은 신앙과 교회의 소속 관계를 바로 이해하지 못하고 있는 것이다.

그리스도인의 신앙성숙에는 개인주의가 없다. 신앙성숙은 반드시 그리스도 안에서 다른 그리스도인들과 관계를 가지는데서 이루어진다. 워렌 목사는 C.S.루이스(C.S.Lewis)가 쓴 교회원에 관한 글에서, 본래 교회원이라는 말이 기독교에서 유래된 것이라고 말하고 있다고 하였다.

그러나 오늘날 교회원이라는 말은 세속화되어 사회에서 무의미한 말로 전락되고 말았다. 이 말의 본래 의미는 사도 바울의 말하고 있는대로 몸의 각 지체의 의미로서 그리스도인들은 주님의 몸된 교회를 이루고 있는 각 지체라는 뜻이다(롬 12:4-5; 고전 6:15; 고전 12:12-27).

그러므로 몸에 속한 어떤 지체라도 몸에서 떨어지면 그 지체의 존재 의미가 없고 생명을 유지할 수 없는 것과 같이 신자들도 다른 신자들과 함께 몸된 교회에 소속되어 자기의 위치에 있지 아니하면 지체가 되지 못하며 아무런 쓸모가 없게 되는 것이다.

여기서 새들백교회에서 초신자를 성숙한 신자로 만드는 사역의 방법을 소개한다. 구도자에서 결신한 교인으로, 교인에서 교회의무를 다하는 등록교회원으로, 등록교회원에서 성숙한 신자로, 성숙한 신자에서 평신도 사역자로 교회를 섬길 수 있도록 사역하는 것이다. 워렌 목사는 구도자가 결신하고 등록교회원이 되기까지 교회가 반드시 고려해야 할 점들을 다음과 같이 정리하고 있다.

새로운 초신자가 교회 안에 들어와서는 자동적으로 다른 교인들과 동화되고, 헌신하는 교인이 되리라고 생각하는 교인들이 많은데 이것은 큰 착각이다. 초신자들은 교회 안에서 자신들의 필요가 무엇인지조차 모르고 있다. 교회는 초신자가 가능한 속히 동화하고 신앙성장을 할 수 있도록 도와야 한다. 목회자 자신이 초신자의 신앙성숙과 동화를 위해 노력하지만 초신자 자신들이 동화되지 않는다고 책임을 초신자들에게 전가하는 경우도 많이 있다. 만일 목회자의 노력과 수고에도 초신자의 성장이 없다고 하면, 아마도 교인의 신앙성숙의 관한 사역철학과 방법에 문제가 있을 수 있다.

교회마다 특이한 역사와 문화와 성장의 속도와 개성이 있다. 그러므로 초신자들을 교회 안으로 동화시키기 위해 물어야 할 질문들이 있어야 하고, 그 질문에 대한 답은 교회의 상황에 가장 적합한 것이 되어야 한다. 그러므로 초신자가 교회에서 교회원으로 교회생활에 잘 동화하도록 여러 면에서 관심을 가지고 쉽게 동화할 수 있도록 계획을 세워야 한다. 교회원으로 등록을 원하는 사람들이 가지는 다음의 다섯 가지 의문에 대해 답도 준비하고 있어야 한다.

교회에서 자신이 환영을 받고 어울리겠는가? 다시 말해, 자신이 교회에 맞고, 다른 교인들이 자신을 용납하겠는가 라는 뜻이다. 처음에 교회를 찾는 사람들이 가지는 마음에 부담은 교인들과 자신이 같이 신앙생활 할 수 있는가를 보는 것이다. 대부분의 한국교회의 교인들은 목사의 메시지가 교회를 정하는데 중요하다고 말은 하지만, 실제 결과적으로 나타나는 것은 교인들과의 동화의 문제인 것이다.

특히 이민교회의 경우는 이러한 예들을 많이 찾아 볼 수 있다. 그러므로 이미 기존의 교인들이 새로운 교인, 초신자 교인들에 대해 어떠한 마음의 자세와 태도를 가지고 있는가가 교회성장을 결정한다고 하여도 과언은 아니다. 초신자와 방문자들을 따뜻하게 환영하고 그들에게 관심을 기울이는 교회는 비교적 성장 가능성을 가지고 있는 교회이다. 초신자들과 새신자들을 교회 안으로 동화시키기 위해서는 나이와 관심과 문제와 배경에 따라 교회의 친화(親和)위원들을 공식적으로 조직하여 일하도록 하는 것이 좋을 것이다.

교회에서 자신과 친구될 사람들이 있겠는가?

모든 사람들은 친구의 관계를 중요시하고 진정한 친구를 찾고 있다. 교회 안에서 신앙의 친구는 두말할 필요가 없다. 우리나라 말에도 친구따라 강남간다는 말이 있듯이 친구가 우리의 삶에 얼마나 큰 영향을 주는지 모른다. 교회 안의 신앙의 친구는 더욱 그러하다.

좋은 신앙의 친구를 가진 사람은 좋은 신앙을 유지할 수 있다. 그러므로 교회에 처음 온 새신자들은 과연 교회 안에서 자신에게 관심을 가지고 신앙으로 교제할 수 있는 사람이 있을까 하는 마음을 가지고 있는 것이다. 교회는 계획적으로 초신자들과 신앙의 친구관계를 형성할 수 있도록 여러 가지 프로그램을 개발하지 않으면 안 된다.

교회에 자신이 필요한 교인이 될 것인가?

이것은 자신의 가치에 대한 질문인데, 사람들은 언제 어디서나 자신의 삶을 가치 있게 바치기를 원하고 있다. 새신자들도 교회에 나와서 예배만 드리는 관망하는 교회생활에서 자신이 적극적으로 어떤 일에 사역하기를 원하며 인정받기를 원하고 있다. 그리고 그들이 가지고 있는 은사와 재능들을 활용하기를 원하고 있다. 교회는 이러한 것들을 발견해서 충분히 발휘할 수 있도록 도와야 한다.

교회원이 될 때 어떤 유익한 점이 있을 것인가?

교회는 반드시 정식 교회원이 되었을 때 어떤 유익과 혜택이 있는가를 설명해 주어야 한다. 유익한 점을 성경적으로, 실제적으로 그리고 개인적으로 이유를 들어서 설명해 주어야 한다.

교인이 되는데 요구사항은 무엇인가?

이것은 교회가 자신에게 기대하는 것이 무엇인가를 묻는 것이다. 교회원이 되었을 때 받는 혜택을 설명하면서, 또한 교회가 자신에게 바라고 기대하는 교인의 책임이 무엇인가를 정확하게 말해 주어야 한다. 사람들은 정식교인이 될 때, 자신이 교회에 해야 할 의무가 무엇인가를 자세히 알기 원하는 것이다.

교회 안에 동질적인 교인들로 이끌어 갈 것인가 아니면 이질적인 교회로 이끌어 갈 것인가에 대한 문제는 교회에서 목회자들에게 가장 부담스러운 문제일 뿐만 아니라 신학적으로도 견해를 달리하는 어려운 문제 중에 하나이다.

동질적인 교회

피터 와그너(Peter Wagner)와 도날드 맥가브란(Donald McGavran)은 교회성장학에서 동질적인 교회를 최초로 주장한 사람들이다. 이들은 사회에는 어떤 공통적인 특징을 가지고 있는 사람들끼리 모이는 집단이 있기 마련이라고 한다. 즉, 사람들은 인종, 언어, 사회적인 장벽을 넘으면서 그리스도인이 되려고 하지 않는다는 것이다. 이들은 교회가 이러한 장벽을 허물어야 하는 것을 사실이지만, 이런 장벽 때문에 그리스도에게 나오지 못하는 경우가 많은가 하면 동질상황 속에 있는 사람들이 그리스도에게로 나오는 경우가 많다는 것이다.

물론, 이것은 효과적인 복음 전파를 위한 수단에 불과하며 결코 목적은 아니라고 강조한다. 문화를 인정하지만 문화로 인한 교회 안의 분리나 불화는 인정하지 아니한다. 이들은 사람들이 복음에 반대하는 이유가 신학적인 이유보다는 사회적인 이유가 많다고 한다. 복음 자체에 문제보다는 복음을 받아들이는 과정의 문화의 차이 때문에 복음을 거부하는 경우가 많다고 하는 것이다.

대체로 미국교회의 대다수는 동질적인 교회라고 말할 수 있다. 그러나 라일 쇌러(Lyle Shaller)는 이러한 원칙에 두 가지 예외가 있다고 다음과 같이 말하고 있다.

"동질의 원리는 현대 전도활동에서 가장 논쟁이 많은 문제이다. 문자 그대로는 믿는 사람들은 복합적인 교회는 양적성장을 경험할 수 없는 뜻으로 이해하고, 사실 종종 그대로 나타나기도 한다. 그러나 동질의 원리에는 두 가지 큰 예외가 있다. 첫째는, 복합적인 교인들로 구성된 교회도 다원주의(pluralism)를 수용하고 인정한 교회를 운영하기 위해 교인들의 생활에 민감하고 체계적으로 끌어나가는 노력을 계속하면 양적인 성장을 경험할 수 있다는 것이다. 둘째는, 복잡하게 복합된 교회들도 행동적 모범에 적합하게 되면 교회는 양적인 경험을 하게 된다는 것이다. 이러한 예외적인 교회의 구성원들은 교회의 삶 속에서 서로 다른 사람들을 돌아보고 양육하는 것이 특징이다.…비록 그들이 여러 면에서 서로 다를지는 모르나 양육에 대해서는 가치를 높이 두고 있는 것이다."

한국교회가 이질적인 교회가 되기를 원하고 있으나 실제적으로 동질적인 교회로만 남아있는 이유는 무엇인가? 아직도 교회 안에 지방색, 배경, 경제수준, 교육수준, 그리고 사회적인 위치 등이 교회 안에서 작용을 하고 있기 때문에 교회가 이질적인 것을 수용하지 못하고 분리하는 경우가 많이 있는 것이다. 이것은 한국교회의 큰 병이 아닐 수 없다.

이질적인 교회

교회는 반드시 이질적이어야 한다고 주장하는 교회는 사회가 안고 있는 장벽들, 즉 지리적, 인종적, 언어적, 사회적, 교육적, 직업적, 경제적인 것들을 초월해서 복음을 전해야 한다고 믿고 있다. 이렇게 교회가 이질적으로 될 수밖에 없는 이유는 교회는 반드시 하나가 되어야 하기 때문이고, 동질적인 교회가 형성하게 되면 거기에는 비성경적인 믿음과 행동이 따를 수밖에 없다고 말한다.

이질적인 교회 입장을 지지하는 사람들은 고린도전서 9장 22절의 말씀인 "여러 사람에게 내가 여러 모양이 된 것은 아무쪼록 몇몇 사람들을 구원코자 함이니"라는 말씀대로 그리스도의 몸이 하나가 되어야 한다고 주장한다. 신약의 교회는 이질적으로 하나된 교회였고, 오늘날 교회가 성경적인 교회가 되려면 반드시 이질적으로 연합된 교회가 되어야 한다고 한다.

교회는 반드시 이질적인 교회가 되기 위해 애쓰지 않으면 안 된다. 교회 안에서 의도적으로 이질적인 교회가 되기 위해 할 수 있는 일은 성도들의 교제와 교육을 그룹으로 나누는 일과 설교를 통해서 이질적인 교회로 유도해 나가는 것이다. 사실 이질적인 교인들에게 한 가지 메시지만으로 설교하는 것은 매우 어려운 일이다.

라일 쇨러(Lyle Schaller)는 인종적, 문화적 특성을 초월하여 설교를 하는 것이 얼마나 어려운지 다음과 같이 말하고 있다. "흑인을 대상으로 하는 설교와 백인을 대상으로 하는 설교의 내용을 분석해 보면 흑인 설교자는 구약의 본문을 강조하고, 시각적인 이미지를 강조하는 반면, 백인 설교자는 신약본문에 훨씬 더 의존하고 있고 추상적인 개념을 구두로 표현하는데 주안점을 두고 있다." 교육적으로 문화적으로 배경이 다른 사람들에게 설교하는 것이 교회성장과 깊은 연관이 있는 것으로 나타나 있다.

목사의 설교는 교인들의 문화적인 차이와 교육적인 차이에 따라 달리 이해될 수 있다는 것이다. 시간이 지나가면서 목사의 설교와 일체감을 가지는 자들은 교회에 남아있게 되고, 이질감을 가지는 교인들을 자신들에게 맞는 설교를 찾아서 교회를 옮기게 되는 것이다. 이질적인 교회와 동질적인 교회가 모두 문제를 가지고 있다. 이질적인 교회는 전도에 공개적이고 적극적인 반면에 양적성장의 느림 때문에 좌절하기 쉽고, 동질적인 교회는 양적인 성장은 빠를 수 있으나 배타적이 되어 사회의 다른 그룹 전도에 관심을 가지지 않게 된다.

릭 워렌 목사는 새들백교회에서는 다음 열두 가지의 질문을 가지고 교회에 찾아 나온 초신자들을 위한 동화계획을 세우고 있다.

· 하나님께서 본 교회 교인들로부터 기대하는 것이 무엇인가?
· 교인들로부터 지금 무엇을 기대할 수 있는가?
· 현재 교인들은 어떤 사람들로 구성되어 있는가?
· 장래 5년 내지 10년 사이에 교인들은 어떻게 변화할 것인가?
· 본 교회 교인들이 가장 필요로 하는 것이 무엇인가?
· 새로운 교인이 가장 필요로 하는 것이 무엇인가?
· 가장 오래된 교인들이 중요시 하는 것이 무엇인가?
· 어떻게 하면 교인이 되는 것을 더 의미 있게 할 수 있는가?
· 교인들이 사랑을 받으며 돌봄을 받고 있음을 어떻게 확신할 수 있는가?

· 본 교회 교인들에게 무엇을 빚지고 있는가?
· 교인들에게 무슨 자료나 봉사를 제공할 수 있는가?
· 우리가 현재 제공하고 있는 것들에 어떤 가치를 첨가할 수 있는가?

그러므로 교인이 되기를 희망하는 자는 반드시 새교인반에 등록시켜서 교육을 받도록 해야 한다. 이러한 새교인반의 교육을 통해서 여러 가지 질문에 대한 해답을 얻도록 해야 한다. 즉, 교회가 무엇인가, 교회의 목적은 무엇인가? 교인이 되는 유익은 무엇인가? 교인의 요구사항은 무엇인가? 교인의 책임은 무엇인가? 교회의 비전과 전략은 무엇인가? 교회의 조직은 어떠한가? 교회 사역에 어떻게 참여할 것인가? 교인이 된 후에 할 일은 무엇인가? 교인이 되는 과정의 훈련을 통해서 교인의 사역의 헌신도를 결정하게 되며 철저한 새교인반의 훈련을 통해서 교회는 더욱 든든하게 세워져 나가게 되는 것이다.

교회는 이러한 교회의 필요성을 세상의 불신자들에게 증거할 뿐만 아니라, 그들이 주님을 믿기로 결신하고 교회의 한 일원으로 교회생활을 원할 때, 교회는 반드시 교회원이 될 때 어떤 유익과 가치가 있으며, 어떤 헌신을 해야 하는가를 분명히 말해 주어야 한다. 새들백교회는 다음 다섯 가지를 교회원의 가치와 혜택으로 설명하고 있다.

· 진정한 신자로 인정받는다(엡 2:19; 롬 12:5).
· 그리스도와의 동행의 삶 속에서 영적인 가족으로 지원과 격려를 받는다(갈 6:1-2; 히 10:24-25).

· 은사를 발견하고 사역에 그 은사를 사용한다(고전 12:4-27).
· 경건한 지도자들의 영적인 보호를 받는다(히 13:17; 행 20:28-29).
· 성장의 필요성의 책임을 부여한다(엡 5:21).

세상 어느 곳에서도 찾을 수 없는 혜택을 교회에서만 찾을 수 있다는 사실을 가르쳐야 한다. 교회의 목적과 사명에서 언급하고 있는 대로 다음과 같은 교회의 목적은 다른 곳에서 할 수 없는 일이다.

첫째, 한주일간의 영적인 삶을 위해 하나님께 예배하도록 교회가 도운다. 둘째, 삶의 여러 가지 문제를 해결해 나갈 수 있도록 다른 그리스도인들과의 교제를 통해서 도움을 받는다. 셋째, 하나님의 말씀을 배우고 그 말씀을 삶에 적용할 수 있는 제자양육으로 도움을 받는다. 넷째, 다른 사람을 돕고, 받은 은사를 활용하게 한다. 다섯째, 그리스도를 위해 전도하고 선교의 사명을 감당하게 하는 것이다.

교인들의 교회생활은 처음 교회에 등록하고 새신자반에서 어떻게 교육을 받았는가에 따라 결정된다는 보고가 있다. 그러므로 교회는 새신자반의 교육내용과 교육철학에 우선적인 관심을 가져야 할 것이다. 또한 교회에 대한 헌신을 요구할 때도 교회에 처음 가입하는 새신자반에서 교육을 받을 때이다. 처음에 헌신을 적게 요구하면, 후에는 적은 헌신을 기대할 수밖에 없는 것이다.

약한 새신자반은 약한 교인을 생산하게 되고, 강한 새신자반은 강한 교인을 생산한다. 강한 새신자반이란 오랜 장기간의 교육을 의미하지 않는다. 새들백교회 경우는 새신자반(101)의 훈련은 오직 4시간밖에 되지 않는다. 그러나 이 짧은 시간을 통해서 높은 헌신을 요구하고, 또한 새신자들도 교회에서 기대하는 점이 무엇인가를 정확히 파악하기 때문이다. 새들백교회의 새신자반 교육내용의 개요는 다음과 같다.

I. 우리의 구원

A. 당신이 구원받은 사실을 확실히 하라

B. 구원의 상징들

1) 세례

2) 성례

II. 우리의 기술문

A. 우리의 목적 기술문 : 우리는 왜 존재하는가?

B. 우리의 비전 기술문 : 우리가 의도하는 것이 무엇인가?

C. 우리의 신앙 기술문 : 우리가 믿는 바가 무엇인가?

D. 우리의 가치 기술문 : 우리가 실행하는 것이 무엇인가?

III. 우리의 전략

A. 새들백교회의 간략한 역사

B. 우리의 전도의 대상자는 누구인가?

C. 당신의 성장을 위한 우리의 생활계발 과정

D. 새들백교회 전략(The S.A.D.D.L.E.B.A.C.K.stretegy)

IV. 우리의 구조

A. 우리의 교회는 성장을 위해 어떻게 조직되어 있는가?

B. 우리의 관계

C. 교회원의 의미

D. 교회가입 다음의 단계

V. 새들백교회 시험

이 새신자반은 반드시 담임목사가 가르쳐야 한다. 이 새신자반에서 목사는 교회의 비전을 제시할 수 있고, 또한 교인들에 대한 관심과 사랑을 표명할 수 있다. 그리고 개인적으로 새신자들에 대한 관심이 어떠한가로 말할 수 있는 기회를 가질 수 있기 때문이다. 이 새신자반에서 다루는 주제는 매우 중요하다.

대부분의 교회들이 신앙성숙을 위한 교리공부를 시키는 경향이 있다. 이러한 주제가 중요한 것은 사실이지만, 이러한 주제들은 교리반에서 가르치는 것이 좋고, 새신자반에서는 매우 기초적인 질문들을 가지고 공부하는 곳이 좋을 것이다. 새들백에서는 다음의 내용들을 새신자반에서 다루고 있다.

· 교회원의 유익은 무엇인가?
· 교회원의 자격과 조건은 무엇인가?
· 교회원의 책임은 무엇인가?
· 교회의 비전과 전략은 무엇인가?
· 교회의 조직은 어떻게 되어 있는가?
· 교회사역에 어떻게 참여할 것인가?
· 교회원으로 지금 해야 할 일이 무엇인가?

불신자들이 결신하여 새신자반에 들어와서 공부를 할 때에 한 가지 조심해야 할 것은 때로는 구원받지 못한 자들이 새신자반에 들어올 수 있기 때문에, 교회원이 되는 구원이 첫째 조건이 된다는 사실을 다시 확인하는 것이 중요하다. 그리고 새신자반은 흥미있게 이끌어가는 여러 방법들도 연구하는 것이 중요하다.

시청각교재를 사용하고, 교재를 준비해서 나누어 주고, 소그룹으로 나누어서 대화를 나누게 하고, 또한 식사를 같이 하는 시간을 가지는 것 등이 좋을 것이다. 그리고 교회의 비전과 방향과 가치와 역사 등을 개인화시켜서 말해 주는 것이 좋다. 그리고 새신자반의 모든 공부가 끝날 때에는 간단한 시험을 치면서 그들의 교회의 목적과 그 외의 다른 개념들에 대해 어느 정도 이해하고 있는가를 알아보는 것도 좋다.

새신자반의 공부가 끝나면 반드시 교회원의 조건과 헌신을 요구해야 한다. 만일 이러한 교회원의 책임과 조건에 관심을 표명하지 않는 사람은 교회원으로 교회에서 책임을 다할 수 없기 때문에, 교회원의 조건과 책임에 약속을 하는 자만이 교회원의 자격이 주어지게 되는 것이다. 새신자반은 성년에게만 주어지는 것이 아니라, 연령에 따라서 주어져야 한다. 즉, 어린이 새신자반, 중고등부 새신자반, 청년 새신자반 등을 신설해야 한다. 모든 새신자반들을 각 연령층을 맡고 있는 목회자들이 가르쳐야 한다.

미국의 많은 교회들이 새신자 환영반을 가지고 있고 목사들이 직접 새신자들과 방문자들을 환영한다. 미국 교인들은 목사와 개인적으로 만나고 대화하기를 원하고 있다. 한국교회의 경우는 방문자나 새신자들이 공식적으로 새신자반에서 대중적으로 목사를 만나는 것으로 생각하고 있는데, 만일 목사가 시간을 내어 개인적으로 만나서 대화할 수 있는 시간이 새신자반에서 이루어진다고 하면 새교인이 교회에 동화하는 데 큰 힘이 될 것이다.

새신자반에서 교회에 관한 많은 정보를 제공하지 못하기 때문에 카세트 테이프를 제작하여 교회에 관한 프로그램을 소개한다고 하면, 집에 돌아가면서, 차 안에서 교회에 관한 내용을 소개받을 수 있고, 또 비디오를 제작하여 새신자에게 준다고 하면 더욱 현장감 있는 교회소개를 자세하게 할 수 있을 것이다. 미국의 여러 교회들이 이러한 방법을 통해서 새신자 동화에 힘을 쓰고 있다.

한국에 있는 교회나 이민교회가 공통적으로 가지고 있는 문제가 재적교인과 실제적으로 교회에 출석하는 교인의 숫자가 많다는 것이다. 재적교인은 543명이라고 하면, 실제로 교회에 출석하는 교인은 300명 정도가 되고, 그 중에 교회에서 평신도로 사역하는 충성된 교인은 30명 정도 밖에 안 되는 것이다. 물론 교회마다 재적교인과 출석교인의 비율, 그리고 출석교인과 실제로 봉사하는 교인의 비율이 다를 것이다.

그러나 일반적으로 한국교회는 재적교인이 실제 출석하는 교인보다 많다. 그러면, 왜 이러한 재적교인이 많은가? 교인들이 왜 교회에 헌신하지 않는가? 하는 문제이다. 왜 교회가 교인들에게 헌금하는 일, 봉사하는 일, 기도하는 일, 그리고 전도하는 일을 하도록 동기의식을 불어 넣는데 어려움이 있는가? 대답은 교회원이 될 때에 그러한 일에 대한 기대를 하지 않았기 때문인 것이다.

릭 워렌 목사는 고린도후서 8장 5절에서 사도 바울이 두 가지 다른 형태의 헌신에 대해 언급하고 있다고 말하고 있다. 바울은 고린도 교회 성도들을 향해서 "저희가 먼저 자신을 주께 드리고, 또 하나님 뜻을 좇아 우리에게 주었도다"라고 말씀하고 있다. 새들백에서는 이

것을 첫 번째 단계의 헌신이라고 말한다. 즉, 구원을 위해 그리스도에게 자신을 헌신한 다음에는, 교회 안에서의 회원이 되기 위한 다른 그리스도인들에게 헌신하는 것이다. 그래서 새들백교회에서는 코이노니아(Koinonia), 즉 교제를 정의하여, "우리가 예수 그리스도에게 헌신함과 같이 서로 헌신하는 것" 이라고 표현하고 있다.

예수님께서도 제자됨의 표시가 서로 사랑하는 것이라고 말씀하였다(요 13:34-35). 필자가 총신에서 공부할 때 황성수박사의 '교회와 국가' 라는 강의를 들었는데, 황박사는 한국의 교인들이 요한복음 3장 16절을 잘 알고 암송하며 그 뜻을 잘 이해하고 있지만 요한일서 3장 16절의 내용을 잘 알지 못하고 교회와 사회에서는 교제의 삶에 관해 무관심하고 있다고 하며, 구원받은 자의 삶은 반드시 교제의 삶을 통해 나타나야 한다고 강조하던 것을 기억한다.

신약에서 '서로' 라는 말씀이 50회 이상 나타난다고 하면서 릭 워렌 목사는 서로 함께 신앙생활하는 것을 강조한다.

한국교회의 강단은 하나님과 나 개인과의 수직적인 신앙관계와 영적관계를 너무 지나치게 강조하는 반면에 그러한 하나님과의 신앙관계 속에서 교회 안의 다른 형제와 자매들과의 수평적인 관계를 어떻게 형성하고 어떠한 사회적인 삶을 살아가야 하는가에 대해서는 매우 빈약하다. 그러므로 신앙의 교만이 교회 안에 나타나고, 누가 많이 기도하는가? 누가 많이 십일조를 바치는가? 누가 많이 복을 받는가? 등의 모두 개인적인 하나님의 신앙관계에 관심을 가지고 있다. 누가 병든 자인가? 누가 외로운 자인가? 누가 가난한 자인가? 라는 교회 안의 형제들과 밖의 불신자들에 대한 그리스도의 사람을 나누는 일에는 거의 관심이 없다.

그러므로 한국교회 안에 싸움과 다툼과 시기와 분열이 있는 것은 매우 당연한 것이다. 한국교회는 교회 안에서 교회원들이 서로 사랑해야 한다는 것과 서로 기도하고, 서로 위로하고, 서로 권면하고, 서로 인사하고, 서로 봉사하고, 서로 가르치고, 서로 용납하고, 서로 존경하고, 서로 짐을 덜어주고, 서로 용서하고 함께 찬송하고, 서로 복종하고 서로 헌신하는 것을 배워야 한다.

이러한 성경의 모든 가르침들이 교회원이 되는데 조건이 되어야 한다. 마치 결혼식에서 하나님 앞과 사람들 앞에서 부부로서 함께 살아가기로 부부가 서로 약속하고 서약을 하는 것처럼, 교회원이 되는 데에도 하나님 앞과 교인들 앞에서 서약을 해야 한다.

새들백교회에서는 교회원이 되고자 할 때 네 가지 요구사항이 있다.

첫째로 그리스도를 구주로 영접한 개인적인 신앙고백이 있어야 하고, 둘째는 자신의 믿음을 공개적으로 표명하는 세례를 받아야 하고, 셋째는 새교인반을 수료해야 하고, 넷째는 새들백 교인 언약을 준수하겠다는 개인적인 헌신에 서약해야 하는 것이다.

교회에는 언제나 떠나는 사람들과 남아있는 사람들이 있게 되어 있다. 떠나는 사람들은 교회에서 어떻게 하는지 별로 관심을 가지지 아니하고 떠나게 되어 있다. 떠나는 사람들을 가지고 염려할 것이 없다. 예수님을 떠난 사람들도 많이 있지 않은가? 교회가 원하는 사람들을 남아있게 하는 방법이 교회원으로 서약하게 하는 것이다.

새들백교회의 교인 서약서의 내용은 다음과 같다.

나는 그리스도를 나의 구주로 영접하고 세례를 받았으며 본교회의 진술, 전략 및 구조에 동의하였으므로 성령의 인도하심을 따라 본 교회의 교인이 되고자 합니다. 교회원이 됨으로써 나는 하나님과 모든 성도들 앞에서 다음과 같은 사항을 지키기로 서약합니다.

1. 나는 본교회의 연합을 고수하겠습니다.
  1) 다른 성도들을 사랑함(롬 14:19)
  2) 잡담에 참여하지 않음(벧전1:22)
  3) 지도자를 따름(엡 4:29)
2. 나는 본교회의 책임을 감당하겠습니다.
  1) 교회의 성장을 위해 기도함(살전.1:1-2)
  2) 불신자들이 교회에 출석하도록 초대함(눅14:23)
  3) 방문하는 자들을 친절하게 환영함(롬15:7)
3. 나는 본 교회의 사역을 감당하겠습니다.
  1) 영적 은사와 재능을 발견함(벧전 4:10)
  2) 목사님의 훈련을 받고 섬길수 있도록 준비함(엡 4:11-12)
  3) 종의 심정을 개발함(빌 2:3-4,7)
4. 나는 본 교회의 증인의 역할을 감당하겠습니다.
  1) 충성스럽게 출석을 함(히 10:25)
  2) 경건한 생활을 함(빌 1:27)
  3) 정기적으로 헌금을 함(고전 16:2; 레 27:30)

교인이 새신자반을 수료하였다고 자연적으로 교회의 소속감을 가지게 되는 것은 아니다. 교회에서 적극적으로 새신자들을 환영하고 인정하고 축하를 해야 한다. 교회의 규모가 작을 때에는 새신자가 누구인가를 모든 교인들이 알기 때문에 비공식적으로 할 수 있으나, 교회가 커지고 교인들의 수가 많아질수록, 교회는 공식적으로 새신자들이 교회의 공식회원이 되었다고 선언하고 환영하는 분위기를 만들어야 한다. 물론 교인이 세례를 받는 기회가 이러한 분위기를 조성할 수 있는 좋은 기회일 것이다.

새들백교회에서는 세례식이 있을 때 교회는 커다란 축제행사를 하며, 전문적인 사진사로 세례받기 전에 기념사진을 찍게 하고, 후에 좋은 바인더 세례증서에 사진을 붙여주어 후에 자랑스럽게 보관할 수 있도록 한다.

새들백교회가 골프 연회장을 빌려서 3개월에 한 번 새신자초청 만찬을 가졌는데, 새신자들의 만찬비용은 기존교인들이 부담을 하였다. 그리고 새신자들마다 2분씩 간증하면서 교인들 앞에서 소개하도록 하였다.

지금은 릭 워렌 목사 부부가 매월 4번째 주일 밤에 새신자들을 집에 초청하고 커피를 마시며 대화하는 시간을 수년 동안 가지고 있다. 이 시간을 '목사와의 담소' (Pastor' s Chat)라고 부르는데, 새신자들과 지난 달의 방문자들과 만나서 그들이 가지고 있는 문제를 내놓을 수 있고, 서로 사귀는 시간이다. 주일예배 전 교회 안내석에서 목사와 담소를 원하는 사람들은 싸인을 하는데, 한 번에 30명 정도로 한정하고 있다. 그리고 담소시간은 밤 7시에서 10시까지인데, 릭 워렌과 사모 케이(Kay)는 이 시간을 통해서 새신자들과 관계를 형성해 가고 있다고 한다.

새신자들로 교회에서 소속감을 가지게 할 수 있는 방법들이 많이 있을 것이다. 예를 들면, 새신자들을 위한 잔치를 하고, 공중예배에서 간증하게 하고, 기도요청을 특별히 다루고, 의미있는 사역을 하게하고, 담임목사와 교역자들과 대화하게 하고, 생일과 결혼기념일, 졸업일, 승진한 날 같은 특별한 때에 축하 카드를 보내는 것 등이다. 중요한 것은 매주일 예배 후에 그들과 따뜻한 악수를 나누며 대화를 나누면서 그들이 교회의 소속된 교회원이라는 사실을 확인시켜 주는 것이다.

새신자들로 교회 안에서 다른 교인들과 우정의 관계를 형성하도록 적극 힘써야 한다. 교회 안에서 친구의 관계를 형성하여야 그들이 교회를 떠나지 아니한다. 릭 워렌의 한 친구 목사가 그의 교회에서 조사를 하였는데, 왜 교회에 등록했는가? 라는 질문에 93%의 대답이 목사 때문이라고 하였다고 한다. 다음에 만일 목사가 떠나는 경우에는 교회를 떠날 것인가 하는 질문에 93%의 대답이 떠나지 않는다고 하였다. 떠나지 않은 이유가 무엇인가를 물었을 때, 친구들이 교회 안에 있기 때문이라고 하였다. 여기서 중요한 것은 목사 때문에 교회를 정하였지만, 후에는 목사보다는 친구 때문에 교회에 남아 있는다는 결론이 나온 것이다.

교회사역의 전문가인 라일 쇌러(Lyle Schaller)는 그의 연구결과에서 교인이 친구가 많으면 많을수록, 그 사람이 교회에서 봉사하지 않거나 교회를 떠나는 일은 거의 없다고 말하고 있다. 또한 400명의 교인이 떠난 사람들을 상대로 어떤 교회에서 조사한 결과에 의하면, 그들 중에 75%가 교회에 나오던지 안 나오던지 관심을 가지는 사람이 거의 없는 것처럼 느꼈기 때문이라고 하였다.

교회에 소속감을 가지기 위해서 교회에 나오는 모든 사람을 다 알 필요는 없다. 대교회의 경우 한 교인이 전교인 모두를 안다는 것은 불가능한 일이다. 전교인이 2,000명이든지 3,000명이든지 일반적으로 한 교인이 약 75명의 교인까지는 알 수 있다고 한다.

교인이 교회의 소속감을 가지려면 교인 중에서 교제할 수 있는 친구들을 사귀어야 한다. 교인들이 자원해서 친구를 만든다고 생각해서는 안된다. 목회자는 친구를 만들도록 격려해야 하고, 교회에서 계획적으로 이러한 교인간의 친구관계를 형성하도록 조직적으로 일하지 않으면 안 된다. 그러므로 교인들이 만나고 사귈 수 있도록 기회를 제공해야 한다.

예를 들면, 운동하는 그룹, 같이 등산하는 그룹, 같이 여행하는 그룹 등을 조직해서 친구관계를 형성하도록 도와야 한다. 48시간을 함께 지내면서 관계를 형성하는 것이 매주일 나오면서 1년간 지나면서 친구관계를 형성하는 것보다 훨씬 더 효과가 있는 것이다. 이러한 친근한 교제를 발전시키는 가장 좋은 방법은 함께 수련회를 가지는 방법이다. 며칠 동안 함께 숙식을 하며 함께 말씀을 공부하고 기도하며 찬양을 할 때 몇 달동안 교제하여 얻을 수 있는 친밀한 관계를 형성할 수 있게 되는 것이다.

그러므로 일년에 몇 차례 3박 4일 정도로 교회 기관별 산상수양회를 가지는 것이 좋다. 이것은 교인들 간의 관계를 밀접하게 만들어 주며, 교회에 대한 소속감을 강하게 가지게 해준다. 이러한 특별한 수양회를 정기적으로 가지게 될 때 새신자들은 교회 안에서 친구들을 사귀게 되고 곧 교회생활에 동화되게 되는 것이다.

한국교회는 교인들간의 친구관계 형성이 쉽게 이루어지지 않는다. 그 이유는 첫째 목회자가 하나님과의 관계형성만을 강조하면서 교인들간의 그리스도인의 친구관계 형성에 대해서는 강조하지 않기 때문이다. 그리고 교회 안에서 친구관계가 오직 이미 형성된 관계에서 깊이 이루어지고 있기 때문에 새로운 교인을 사귀고 교제하기를 꺼려한다. 그리고 새로운 친구관계 형성에는 많은 시간이 필요한데 교회의 모임과 사역의 시간이 거의 목회자와 교인관계에서 이루어지고, 교회에 관한 것만을 다루기 때문에 실제적으로 교인들만의 만남의 시간과 교제의 시간이 별로 없다는 것이다. 또 한 가지가 있다고 하면, 교회에서 의도적으로 교인들끼리의 만남을 허락하지 않고 원하지 않고 있다.

그 이유는 교인들이 모이면, 교회에 불평과 불만과 목회자에 험담을 하면서 자신들의 신앙의 유익이나 교제를 위한 대화보다는 교회에 손해를 입히는 경우가 많이 있었기 때문으로 볼 수 있다. 릭 워렌 목사가 교인의 서약 가운데 교회에 대한 험담을 하지 않기로 약속시킨 것이 바로 이러한 이유라고 생각한다.

교회가 성장하며 교인들의 숫자가 많아질 때에 교인들의 각자의 필요를 충족시켜 줄 수 있는 방법은 소그룹을 조직하여 교인들로 소그룹에 소속하여 마치 작은 교회와 같은 느낌을 가지도록 하는 것이다. 그리고 이러한 소그룹 사역을 통해서 그들이 필요를 서로 공급하고 돕는 것이다. 교인들의 취미, 연령, 지역 등을 참조하며 가정과 같은 곳에서 소그룹으로 모여서 깊은 교제를 가지게 될 때 교인들은 교회를 떠나지 않을 것이다. 교회를 떠나는 교인들을 막는 가장 효과적인 방법은 소그룹 사역이 될 것이다.

릭 워렌 목사는 교회의 사역자들에게 늘 강조하여 하는 말이 있다. 즉, "우리는 교회는 반드시 언제나 점점 커져야 하고 동시에 점점 작아져야 한다."는 말이다. 상당히 의미있는 말이라고 생각한다. 교회가 커진다는 의미는 주일날 전교인들이 모여서 축제적인 예배를 드린다는 것이고 교회가 작아진다는 것은 소그룹으로 모여서 함께 교제하며 사역한다는 뜻이다. 작은 소그룹에서 제목을 놓고 같이 기도하고, 같이 위로하고, 서로가 잘 아는 사이에서 교회생활을 하기 때문에 교회에 결석하는 경우에도 사람들이 곧 알 수 있는 것이다. 새들백교회가 성장한 이유 중에 하나는, 그동안 건물이 없이 성장했기에 이러한 소그룹 사역을 통한 성년교육과 교제에 집중적으로 사역하였기 때문인 것이다. 지금도 74에이커의 대지를 구입하였지만, 영구적인 교회시설을 준비하지 못하였기 때문에 소그룹 사역을 강화하고 있다. 릭 워렌 목사는 가정에서 모이는 소그룹사역의 유익을 네 가지라고 말하고 있다.

· 무한정으로 확장될 수 있다(집은 어디에나 있다).
· 지리적으로 무한하다(넓은 지역에서 사역할 수 있다).
· 좋은 청지기 의식을 실천할 수 있다(사역을 위해 헌금한다).
· 가까운 친구관계를 촉진시킨다(사람들은 집에서 더 편안함을 느낀다).

교회가 성장하면서 교인들의 목회상담적인 사역은 소그룹사역에서 하지 않으면 안 된다. 교인들이 위기에 처할 때 소그룹에서 개인적인 보살핌과 도움을 즉시 줄 수 있는 것이다. 새들백교회에서는 전체 교회를 하나의 커다란 선박으로 본다고 하면, 소그룹은 그 선박에 있는 작은 구조선들과 같다고 말한다. 릭 워렌의 소그룹의 사역에 관해서 이런 말을 하고 있다. "소그룹들은 당신의 교회의 뒷문을 닫는 가장 효과적인 방법이다". 소그룹에 들어있는 교인들이 교회를 떠나는 경우는 많지 않기 때문이다.

교회 안에 여러 가지 정보들이 모든 교인들과 사역자들 간에 가능할 수 있도록 교회 안에 정보교환제도가 잘 되어 있어야 한다. 아무리 교인들이 은사를 많이 가지고 있다고 하여도 그 교인들을 알지 못한다면 교회사역에 큰 유익이 없을 것이다. 그러므로 교인들과 교회 간에 의견교환, 정보교환을 위해 여러 가지 방법을 개발해야 한다. 즉, 팩스, 메일, 뉴스레터, 카세트테이프, 인터넷 등을 사용하는 것이 좋을 것이다. 교인들의 상태를 목회자가 잘 알고 있어야 하고, 또한 교인들은 교회의 상태를 잘 알아야 한다(잠 27:23). 새들백교회에서는 다음의 두 가지 방법으로 교인들의 동태를 살핀다.

환영카드

이 환영카드에는 언제나 누구나 목회자에게 또는 교회에 자기의 의사를 표시할 수 있다.

캐어 컬러

캐어 컬러사역은 우리말로 바꾸면, 교인들을 돌보기 위해 전화상

담하는 사역자들이다. 여기의 캐어(Care)라는 말은 영어의 Contact, Assist, Relate, and Encourage의 첫 자만을 딴 말인데 "돌본다"는 뜻이 있다. 사역을 하는 사람들은 교회의 교인주소록의 교인명단을 가지고 저녁에 전화를 하면서 세 가지 질문을 하는 것이다.

· 교인들이 어떻게 지내고 있는가?
· 교인들이 기도 요청이 있는가?
· 교인들이 목사님이나 교역자들에게 특별히 전하고 싶은 것이 있는가?

이러한 질문에 대한 내용을 자세히 정리하고 기록하며, 또한 교회의 행사와 소식을 알려주면서 교회가 교인들에게 관심을 가지고 있음을 보여주는 것이다.

소그룹을 인도하는 평신도 목회자들이 작성하는 보고서를 통해서 그룹의 영적건강을 위해 지원하며 개인의 삶의 어떤 일이 있는가를 알리는 것이다. 교회의 성장은 교인의 영적성장에 달려 있다. 교인의 영적성장은 교인의 말씀에 대한 순종에 달려 있다. 다시 말해서, 성경의 말씀대로 서로 사랑하는 교회, 서로 용납하고 위로하는 공동체적인 교회가 될 때 교회는 질적으로 양적으로 성장하지 않을 수 없을 것이다. 그러므로 교회는 행정적인 어떤 조직단체로 생각하지 않아야 하고 사랑이 넘치는 가정과 같은 교회로 생각해야 한다. 결국 교회성장은 교인들이 어느 정도로 이웃에 관심을 가지고 돌보는 교회가 되는가 하는 것이 가장 중요한 문제이다.

평신도 사역과 영적 성장 훈련

릭 워렌 목사는 교회의 사역자들에게 자신의 신분을 알려주기 위해 쉐이프(SHAPE) 라는 프로그램을 활용하고 있다. 여기에는 다섯 가지의 특성이 있다. 첫째는 영적은사, 둘째는 마음이고, 셋째는 능력이고, 넷째는, 개성이고, 다섯째는 경험이다. 그러므로 자신의 영적은사가 무엇인가를 발견하고, 내가 원하고 좋아하는 것이 무엇인가, 내가 감당해 낼 수 있는 능력들은 어떤 것이 있으며, 다른 사람과 다른 기질과 성향은 무엇이며, 그리고 과거의 교육이나 직업과 영적인 팀 사역의 경험은 어떤 것들이 있는가를 확인하는 프로그램이다.

한국교회는 이미 평신도 사역을 통한 교회성장에 관한 많은 연구와 실천이 있어왔다. 대표적으로 사랑의 교회 옥한흠 목사는 잠자고 있는 평신도들을 깨우는 데부터 사역이 시작된다고 믿고 평신도 훈련을 통해 교회를 성장시킨 좋은 모델이라고 볼 수 있다.

미국에서도 평신도 사역의 문제는 이미 오래전부터 다루어 졌던 문제이지만, 아직도 평신도 사역에 대해 부정적인 입장을 취하는 교회들도 없지 않다. 그러나 지금 목사 중심의 사역에서 평신도 사역의 중심으로 넘어가면서 부르스 라슨(Bruce larson)과 랄프 오스본(Ralph Osborne)은 지금이야말로 평신도들을 교회사역에 참여시키기에 가장 좋은 시기라고 하며 다음과 같이 말하고 있다.

"교회갱신의 가장 큰 장벽 중에 하나는 성직자들이 평신도들을 사역자들로 얼마든지 일하게 하시는 하나님을 신뢰하지 않는다는 것이다. 목사 혼자만의 비전과 통찰력, 그리고 목사 혼자만 인정하는 교회 프로그램은 일방적이고 비효과적일 수밖에 없는 것은 당연한 일이다."

릭 워렌 목사는 평신도 지도자들과 계속적인 접촉과 그들을 훈련시키는 목적을 위해 매월 평신도 지도자들에게 카세트를 나누어 주고 그것을 받아쓰게 하였다. 많은 평신도 지도자들이 출퇴근 길에 그 테이프를 들었다. 그 결과 사람들이 많은 생각을 많은 일들에 한꺼번에 적용하려고 하는 대신 지도력을 발휘해야 할 상황에서 한 번에 하나씩 새로운 생각들을 적용할 수 있게 되어 이 프로그램은 성공적으로 운영되고 있다.

여기에서 목장주의 사역과 목동의 사역은 차이가 있다. 목동은 모든 교인들의 영적인 만족을 개인적으로 충족시켜 주기를 원하고, 목장주는 다른 사람들을 통해서 그 일을 하기 원한다. 양자 모두 다른 사람들에게 영향을 미치고 싶어한다. 목장주의 사역과 목동의 사역은 교회성장에 많은 차이를 가져온다.

죠지 바나(George Barna)는 다음과 같이 말하고 있다. "성장하는 교회와 정체된 교회의 차이는 명백하다. 성장하는 교회는 교회의 지도자들을 준비시켜서 다른 사람들을 섬김으로써 개인적인 만족을 얻도록 하는 것이 교회의 할 일이라는 태도를 가지고 있는 것이다. 정체된 교회들은 새로운 지도자들이 교회 안의 사역의 문제들을 시정할 수 있도록 훈련받지 않았으면 교회는 어려움을 겪게 된다는 태도를 가지고 있는 것이다."

평신도들이 사역에 참여하기를 원하고 있고 교회를 주도해 나갈 능력이 있다고 하여도, 교회의 목표가 분명하지 못하면 교회는 어려움을 당할 수 있다. 그러므로 평신도들은 적어도 교회의 목표가 무엇인가를 반드시 알아야 하고, 그 목표달성에 간접적으로 직접적으로 참여해야 한다. 교회의 목표달성이 목사와 그외 교회의 지도자들만의 것이라고 이해한다면 교회는 평신도의 힘의 통합을 이루지 못하고 교회성장을 기대하기 어려운 것이다.

릭 워렌 목사는 이러한 면에서 뛰어난 은사를 가진 목회자라고 할 수 있다. 그는 교회의 어떤 목표를 성취하는 데 지대한 공헌한 평신도들을 선정하여 상을 주는 것이다. 매월 교회원 가운데서, 눈부신 봉사를 한 교인에게 상을 주면서, 목표의식을 고취시키고, 또한 헌신에 대한 보상을 하고 있다. 평신도들에게 사역을 맡길 때에 반드시 책임과 함께 권위를 부여해 주어야 한다. 케논 칼라한(Kennon Callanhan)은 사역을 맡길 때 권위를 주기 전에는 절대로 책임을 맡기지 말라는 말까지 하고 있다.

조지 바나(Geroge Barna)는 성장하는 교회는 책임과 함께 권력을 함께 주고 있는 사실을 발견하였다면서 "성장하는 교회에서는 목사가 성도들을 완전히 신뢰하고 확신하고 있어서 목사의 영향이 없이도 그들의 중요한 결정을 내리도록 한다는 것이 증명되었다" 고 말하고 있다.

몇년 전 한국의 명성교회 김삼환 목사님과 교회의 당회원 장로님들과 점심을 같이 나누며 교회의 성장의 비결이 무엇인가 물었을 때 그들의 대답은 서슴치 않고, 목사님을 존경하고 신뢰하고, 목사님은 또한 평신도 지도자들인 장로들을 존경하고 신뢰한다고 대답하는 것을 들은 적이 있다. 목사가 평신도들을 신뢰하지 못하기 때문에 사역을 맡기지 못한다.

평신도에게 권위를 부여하는 문제는 에베소서 4장 11절과 12절의 해석과 연관되어 있다. 이 본문에서 여러 영적 지도자들을 주신 목적은 봉사 일을 하게하고 온전하게 하기 위함이라고 말씀하고 있다. 여기에 "온전케 한다"는 말씀의 의미는 말씀만 가르치는 것이 아니라, 평신도들로 은사를 발견하도록 해 주고, 그 은사들을 잘 활용할 수 있도록 지도해 주고 인도해 주어야 한다는 의미이다.

목회자들이 평신도들을 사역에 참여시킬 때 가장 어려움은 평신도 지도력을 발휘할 만한 영적인 성숙이 되어있지 못하다는 점이다. 평신도들은 자신들이 영적으로 성숙하여 사역할 수 있는 자들로 자처한다. 미국교회의 경우 출석하는 교인 중에 61%가 자신들은 영적으로 헌신된 자라고 생각한다고 한다. 그리고 교인중에 절반정도가 거듭난 자라고 생각한다고 조지 바나(George Barna)는 말하고 있다.

그러므로 교회의 중대한 영적인 문제들을 영적으로 성숙하지 못한 평신도들에게 맡기기 어렵다고 말하고 있다. 한국교회의 경우도 마찬가지이다. 교인들은 자신들이 영적 성숙하여 사역에 참여하고 평신도 지도자로 봉사할 수 있다고 생각하지만, 실제로 그렇게 준비되지 못한 경우가 많이 있고, 목회자가 이러한 평신도들을 바로 분별하지 못한 경우에는 교회사역에 어려움을 가지게 되는 것이다.

잭 헤이포드(Jack Hayford)목사가 시무하는 도상의 교회(Church of the Way)는 교인들에게서 추천을 받은 400명으로 구성된 목자 이사회(Board of Shepherds)가 있어서 교회의 중대한 문제들을 여기에서 결정하고 논의한다. 교인의 수는 만명이 넘지만 실은 영적으로 성숙하여 교회의 중대한 문제들을 다룰만한 교인들은 많지 못하다는 사실을 증명해 주고 있는 것이다. 평신도들을 바로 훈련시키지 아니하면 교회는 성장하지 않을 뿐만 아니라, 그러한 평신도의 수준과 목회자의 수준에 머물게 되며 더 이상 성장하지 않는다. 그래서 교인은 목회자의 성숙만큼 성숙하고 목회자만큼 교회는 성장한다는 말이 있다. 그러므로 목회자는 평신도 지도자들을 신중하게 선택하고 훈련시켜야 한다.

교회의 목회자가 목장주로 평신도들을 사역에 참여시키는 지도자인가 아니면 목동으로 평신도들을 직접 사역하는가를 다섯 가지 범주의 사람들과의 관계와 소요하는 시간의 정도를 통해서 알수 있다. 다섯 가지의 범주의 사람들은 ① 매우 배우려고 하는 사람, ② 매우 중요한 사람, ③ 매우 도움이 필요한 사람, ④ 매우 요구가 많은 사람, ⑤ 매우 사귀기 좋은 사람이다. 목장주와 같은 교회 지도자들은 배우려고 하는 사람, 매우 중요한 사람들과 시간을 많이 보내고, 목동과 같은 교회 지도자들은 도움이 많이 필요한 사람, 요구가 많은 사람,

사귀기 좋은 사람들과 시간을 많이 보내는 것이다.

성경에 분명히 하나님은 모든 그리스도인들이 영적으로 성숙하기를 원하고 있다고 말씀하고 있다(빌 4:14). 영적 성숙은 결국 예수 그리스도를 닮아가는 것이 목적이다(롬 8:19). 모든 그리스도인들이 예수님과 같은 인격을 개발하기를 하나님은 원하고 있다.

문제는 어떻게 영적 성숙을 이루어 나가며 예수님을 닮아갈 수 있는가 하는 것이다. 새들백교회의 릭 워렌 목사는 현대교인들의 영적 성숙에 대한 신화와 전략에 대해 다음과 같이 말하고 있다.

교회에서 처음 거듭난 신자들에게 양육의 프로그램을 통해서 성장시키지 아니하고 거듭나고 구원받은 것으로 영적 성장을 이룬 것으로 생각하고 그들에게 단지 위로하고 격려하는 것으로 그치는 교회가 많이 있다. 한국교회의 경우는 세례를 받고 자신의 신앙고백을 한 신자는 영적으로 성숙하여 교회의 사역을 감당할 수 있는 자로 생각하여 직분을 맡기고 때로는 감당하기 어려운 영적인 사역까지 맡겨서 자신이 감당하지 못하여 시험에 드는 경우가 많이 있다.

특히 이민교회의 경우는 교회의 사역에 일꾼이 필요하기 때문에 영적으로 준비되지 않은 자들에게 직분을 맡겨서 후에 교회가 어려워지는 경우를 많이 볼 수 있다. 영적 성숙은 거듭나는 순간에 단회적으로 이룰 수 있는 것이 아니다. 또한 구원받은 다음에 성수주일을 잘하고 평생 교회생활을 하여도 영적으로 어린아이로 남아있을 수 있다. 오래된 교인이 성숙한 교인은 아니다. 그러므로 교회는 거듭난 신자는 반드시 다음 단계의 양육프로그램에 들어가서 교육을 받아야 한다. 영적 성숙은 시간과 함께 자연적으로 이루어지는 것이 아니다. 많은 그리스도인들이 늙어가고 있고 성숙하지 못하고 있다.

영적 성장은 우리가 의도적으로 원해야 이루어 나갈 수 있다. 여기에는 헌신과 노력이 따른다. 주님을 따르기로 결신하고 신중하게 주님을 따라갈 때 성숙하여 나갈 수 있다. 바울은 빌립보서 2장 12~13절에서 "항상 복종하여 두렵고 떨림으로 너희 구원을 이루라" 고 말씀하고 있다. 여기에서 구원을 이루라는 말씀은 주님께서 완성하신 구원사역에 우리가 해야 할 부분이 있다는 말씀이 아니라, 이미 구원받은 자는 반드시 영적으로 성숙하여 나아가야 한다는 말씀이다.

영적 성장에는 우리가 해야 할 부분과 하나님께서 하실 부분이 있다. 그리스도를 닮아가는 모습은 우리가 헌신한 결과로 나타나는 것이다(롬 6:13). 마치 교회가 주님의 명령에 헌신할 때 위대한 교회가 되는 것과 마찬가지이다. 헌신이 없으면 성숙도 없다. 주님이 주신 명령에 순종하고 헌신하면 자신의 신앙 성숙은 물론 교회도 또한 성장하게 되는 것이다.

오늘날 사람들은 영적인 사람이라고 하면, 특별한 계시를 받은 사람, 신비적인 체험을 한 사람, 또는 금욕하며 속세에서 떠나 살며 명상하는 사람들을 연상한다. 그리스도인들도 영적 성숙이라고 하면 그들이 도달할 수 없는 특정한 사람들에게만 주어지는 것이라고 생각하는 경향이 있다. 즉, 기도원에서 기도를 많이 하는 사람, 40일 금식 기도를 한 사람, 신유와 예언의 은사를 받은 사람들이 영적으로 뛰어난 사람들이라고 생각한다. 보통 그리스도인들은 평범한 신자들로 생각하며 자신의 영적 생활에 만족하려고 한다.

그러나 성경은 영적 성숙은 매우 평이하고 실제적이라고 말하고 있다. 모든 사람이 개발할 수 있는 것이며 신비적인 것이 아니라고 말한다. 바울은 그리스도인의 삶은 건강을 유지하려고 매일 운동하는 사람과 비교하고 있다(딤전 4:7). 영적 성숙에도 연습이 따른다.

아마도 이것이 영적성숙에 대해 가장 많이 오해하고 있는 점일 것이다. 그 이유는 그리스도인들이 영적 성숙을 위한 어떤 공식을 찾고 있고, 이러한 공식에 관한 책들이 많이 나와 있기 때문이다. 그러나 영적 성숙은 오랜 시간을 통과하는 과정을 요구한다. 마치 하나님께서 여호수아와 이스라엘 백성들로 가나안 땅을 조금씩 점령하게 하신 것과 같다(신 7:22).

예수님을 닮아가는 데에도 점차적인 변화가 있어야 한다. 영적 성숙에는 가로질러 가는 길이 없다. 에베소서 4장 13절에서, "그리스도의 장성한 분량이 충만한 데까지 이르리니"라는 말씀에서 '이른다'라는 말에는 어떤 여정의 시간과 과정이 있음을 암시하고 있는 것이다. 이 여정은 우리의 평생의 삶을 통해서 걸어가야 하는 여정이다.

교회 안에서 사람들은 영적 성숙을 성경의 인물, 본문의 내용, 성경 구절암송, 신학을 어느 정도 아는가에 따라 측정하는 경향이 있다. 성경지식이 영적 성숙의 기초가 되는 것은 사실이나 영적 성숙을 측정할 수 있는 모든 것이 되는 것은 아니다. 영적 성숙은 믿음으로 나타나는 것이 아니라 실제 행위로 나타나는 것이다.

그리스도인의 삶이라는 하나의 신앙고백이나 교리만이 아니라, 반드시 행위와 인격이 함께 있는 것이다. 믿음에는 반드시 행위가 따라야 한다. 우리의 행위는 반드시 우리의 신앙고백과 일치해야 한다. 신약성경에는 이 문제에 대해 거듭거듭 강조하고 있다(약 2:18; 3:13). 믿음이 있다고 하면서 믿음의 삶이 나타나지 않으면 헛된 믿음이라고 야고보는 교훈하고 있다. 바울의 서신 가운데에서 그리스도인의 삶에 대해 강조하고 있다(엡 5:8).

예수님은 열매를 보아 그 나무를 안다고 말씀하셨다(마 7:16). 사람의 영적 성숙을 나타내는 것은 열매이지 지식이 아니다. 우리가 아는 바를 실제로 행하지 않으면 모래 위에 집을 짓는 어리석은 자가 되는 것이다(마 7:24-27).

영적으로 성숙한 자들을 어떻게 알 수 있는가? 릭 워렌 목사는 다섯 가지 차원에서 알 수 있다고 한다. 즉, 말씀의 지식, 관점, 확신, 숙련성, 성품이라고 하였다. 새들백교회에는 영적 성숙을 이러한 다섯 가지 차원에서 교육시키는 프로그램을 개발하여 실시하고 있다. 이러한 것들이 없는 영적인 지식은 교만을 낳는다(고전 8:1). 지식은 반드시 인격이 전제되어야 한다. 성경 지식만을 가지고 있는 육신적인 그리스도인들이 많이 있다. 영적으로 성숙한 자가 교만할 수 없다.

개인주의를 찬양하는 서구문화가 영적 성숙에 대한 이해에 영향을 미치고 있다. 대부분의 영적 성숙에 대한 교훈이 다른 사람들과의 관계를 인식하지 않는 자기중심적인 차원에서 개인주의적인 영적 성숙을 가르치고 있다는 것이다. 이것은 비성경적이고 신약의 교훈을 무시하고 있는 것이다. 그리스도인들이 영적으로 성숙하는 데에는 반드시 다른 그리스도인들과 관계를 가져야 한다. 다른 사람들과의 분리된 상태에서 영적 성숙은 불가능하다. 영적 성숙은 그리스도인들과 교제의 상황 속에서 이루어진다. 신약성경에서 이러한 교훈은 거듭 발견된다(히 10:24-25). 하나님은 우리의 가족식구와 함께 성숙하기를 원하고 있다.

다른 그리스도인들과의 교제는 하나의 선택적인 일이 아니라, 신앙 성숙에 필수적인 것이다. 만일 함께 교제하지 않는다면, 이것은 서로 교제하라는 주님의 말씀에 불순종하는 것이다(요일 1:7). 다른 성도들과 정기적으로 예배하지 않는다면 아직 빛 가운데 거하지 않은 것이다. 주님과의 교제의 깊이는 반드시 다른 성도들과의 교제의 깊이로 나타나게 된다(요일 3:14; 4:20).

주님은 다른 형제들과 교제하지 않으면서 예배하는 것은 의미가 없다고 하였다(마 5:23-24). 일반적으로 신자들이 불신자들과 관계를 형성하지 못하고 전도하지 못하는 것은 이미 같은 교회 안에 신자들과의 교제를 잘 하지 못하고 관계를 형성하는 경험을 가지지 못하고 있기 때문이다.

많은 교회들이 이러한 오해를 가지고 있는데, 교회에서 성경을 많이 가르치면 교인들이 성숙할 수 있다고 믿고 있다. 교인들이 성숙하지 못한 것은 성경을 알지 못하기 때문이라고 생각하고 강의실 교회로 가르치는 사역에 중점을 두고 있다. 그러나 영적 성숙은 하나님과의 관계를 통해서 형성되어 나가는 것이다. 영적 성숙에는 예배와 찬양과 다른 사람에 대한 봉사와 전도하는 일들이 따른다. 그러므로 교인이 영적 성숙에 이르기 위해서는 교회의 목적인 예배, 교제, 성경공부, 전도, 봉사에 참여하지 않으면 안 되는 것이다.

어떤 교인은 감정적인 체험을 성경공부보다 더 중요시하는 데 참으로 위험한 일이 아닐 수 없다. 또한 어떤 교회에서는 영적 성장에 영적인 체험을 중요하게 생각지 않는다. 이러한 교회는 하나님은 우리를 감정적인 존재로 창조한 사실을 망각하고 있는 것이다. 봉사가 없는 성경공부는 다른 사람을 판단하고 영적으로 교만한 자로 만드는 것이 되고 만다. 말씀에서 배운 것을 반드시 생활에 옮기는 실천하는 신앙의 삶이 없이는 결코 영적 성숙을 이루지 못한다.

영적 성숙과 헌신의 차원

영적 성숙에는 헌신이 따르고, 점진적인 과정이 있다. 그리고 어떤 영적인 습관을 키우는 데까지에는 다음의 다섯 가지 요인들이 필요하다. 오늘날 교회의 문제는 헌신이 결여되어 있는 것이다. 교회는 헌신된 자들이 모일 때 성장한다. 교회의 성장과 교인의 신앙 성숙은 교회의 여러 가지 어려운 시간들을 통해서 교회 지도자들의 헌신을 통해서 이루어지는 것이다. 교회의 지도자들의 헌신의 차원을 올리게 되면 교회 전체 교인들의 헌신의 정도도 또한 높아지는 것이다. 그러면 어떻게 교인들로 영적 성숙을 이루어 나가도록 헌신시킬 수 있는가?

교인들에게 헌신을 요구하지 않으면 헌신하지 않는다. 만일 교회에서 교인들에게 헌신을 요구하지 않으면, 교회 밖의 다른 그룹에서 헌신을 요구하게 된다. 예를 들면, 정치적인 그룹, 다른 신앙운동그룹, 사회봉사 그룹에서 헌신을 요구한다. 사람들이 헌신하지 않는 것이 아니라, 누구에게 헌신하느냐 하는 것이다. 만일 교회에서 헌신을 요구하지 않으면 교인들은 다른 사람에게 또는 다른 단체에 헌신하게 될 것이다. 놀라운 사실은 교회보다 세상의 단체들이 더 많은 헌신을 요구하고 있다는 것이다. 교회는 반드시 무엇에 헌신해야 하는가 하는 문제와 어떤 것에 헌신하지 않아야 하는 문제를 잘 설명해 주어야 한다.

교회 안에 믿음이 약한 교인이 있는 이유는 가장 중요한 일에 전적으로 헌신하는 것이 아니라 너무도 많은 일에 적게 헌신하고 있기 때문이다. 많은 사람들의 영적 성장에 방해가 되는 것은 헌신의 부족이 아니라, 올바르지 못한 일에 너무 많은 헌신을 하고 있기 때문이다. 교인들을 반드시 지혜로운 헌신을 할 수 있도록 가르쳐야 한다.

확신을 가지고 커다란 헌신을 요구하라.

예수님은 제자들과 그를 따르는 많은 무리들에게 분명하고 확실한 헌신을 요구하셨다. 커다란 헌신을 요구할 때 커다란 반응이 나타난다. 사람들은 언제나 삶의 어떤 큰 의미를 부여하는 일을 위해 헌신하기를 원한다. 반면에 의미 없는 작은 일에 대해서는 헌신하기를 원하지 않는다. 그리스도인들은 주님께 온전한 헌신을 해야 한다(눅 14:33).

릭 워렌 목사가 한 번은 설교를 마치면서 자신들을 온전히 헌신하도록 도전하며 카드에 기록하도록 하였다. 주님께 헌신하는 내용은 교인들의 시간, 돈, 목적, 꿈, 직장, 집 등 모든 것을 주님께 바치도록 하는 것이었다. 릭 워렌 목사 자신이 놀란 것은 수천 명의 교인들이 헌신하겠다고 작정하였는데, 그 중에 177명은 수년 동안 교회에 나오면서도 한 번도 헌신하겠다고 하지 않던 사람들이 그 날 설교에 도전을 받고 처음으로 헌신하겠다고 작정한 것이라는 것이다.

목회자들은 교인들에게 커다란 헌신을 하도록 요구해야 한다. 교인들은 커다란 목적을 위해 큰 헌신을 요구할 때 마음에 원망을 갖지 않는다. 중요한 것은 교인들은 필요에 의해서 헌신하는 것이 아니라, 정열적인 비전에 따라서 헌신한다는 사실이다. 한국교회의 경우에도 교회의 어떤 부족과 필요성 때문에 헌금을 요구하는 경우가 많이 있는데, 이러한 헌신에 실패하는 이유가 바로 비전보다는 필요성에 호소하기 때문이다.

헌신의 내용을 분명히 하라.

교회에서 교인들에게 헌신을 요구할 때 일반적인 헌신을 말한다. 분명하게 어떻게 헌신하라고 말해주어야 한다. 예를 들면, 주님께 헌신하라고 말한다고 하면, 첫째는 믿고 세례를 받고, 둘째는 새신자 교육을 통해서 정식교인이 되고, 셋째는 신앙성숙 훈련을 받는 것이고, 넷째는 봉사에 헌신하는 것이고, 마지막으로 전도와 선교에 헌신하도록 하는 구체적인 헌신의 내용을 말해 주어야 한다. 이러한 헌신을 하게 될 때 자신의 신앙성숙은 물론 교회가 크게 성장하게 되는 것이다.

윌리암 이섬(William Easum)은 물질적인 헌신을 목회자가 요구할 때 교회가 성장한다고 말하고 있다. "돈을 바치라고 요구하면 교회는 성장한다. 사람들이 자신들의 돈에 대해 정직해질 때 교회는 성장한다.…목사가 사람들을 위해 할 수 있는 최선의 일은 사람들을 향하여 돈에 대해 정직하라고 말하는 것이다. 우리 주님이 하신 말씀 중 6분의 1은 돈에 관한 것이다. 그분은 우리의 가장 근본적인 죄가 돈을 사랑하는 것이라는 사실을 알고 계신다.수년 동안 나는 내가 알고 있는 그리스도인들의 20%가 자신들이 누리는 기쁨과 만족의 80%를 그리스도인이 되었다는 사실에서 얻는다고 생각하는 것으로 큰 감동을 받았다. 그들은 자신들이 누군가를 돕고자 손을 내밀 때에 훨씬 기쁘다는 것을 알고 있다.…사람들에게 교회에 돈을 내라고 하거나 교회는 그들의 돈을 필요로 한다고 말하지 말라. 사람들에게 교회나 예산에다 드리라고 하지 말고 하나님께 드리라고 요구하라."

헌신의 유익을 말해 주라.

교인들로 헌신을 잘 하도록 하는 방법 중에 하나는 헌신의 유익을 설명해 주는 것이다. 성경에 헌신하는 자들에게 하나님께서 축복하신다는 말씀이 거듭 나타나고 있다. 개인적인 축복, 가정의 축복, 그리고 교회와 사회에 축복이 있고, 더 나아가 자신의 영적성장의 축복과 영원한 축복이 있음을 설명해 주어야 한다.

헌신 후에 신앙성숙을 위해 일하도록 하라.

헌신이 작던 크던 간에 일단 헌신한 다음에 그 헌신 위에 신앙성숙을 이루어 나가도록 도전해야 한다. 이것은 마치 부모가 되기로 마음을 먹고 자녀를 낳고 키우는 것과 같다. 작은 헌신으로부터 시작해서 한 단계씩 나아가는 것이 좋을 것이다.

처음에는 어린아이와 같은 단계에서 새신자의 영적생활에 헌신하도록 한다. 그리고 다음 단계로 올라갈 때마다 격려하고 축하해 주고 그들의 영적 성숙을 공개적으로 소개하는 것도 좋을 것이다. 이러한 방법을 통해서 자신들이 헌신하고 있다는 사실에 긍지를 갖게 하고 간증을 통해서 그들의 헌신을 교회에 알리는 것도 좋을 것이다. 젊은 사람들이 교회와 자신의 신앙에 헌신이 약하다는 말들을 많이 한다. 그들의 문제는 헌신을 요구하는 일들이 많이 있는데, 어떤 것에 헌신을 해야 하는가에 혼돈하고 있는 것이며 교회에서 어떤 헌신을 어떻게 요구하고 있는가를 분명히 모르기 때문에 교회에 대한 헌신이 약한 것이다.

교회의 사명 중에 하나는 새신자를 영적으로 성숙한 신자로 만들고 훈련시키는 일일 것이다. 영적성숙을 위한 훈련은 영적생활에 매우 중요하다. 도스토예프스키(Dostoyevski)는 "한 인간의 삶의 후반부는 그의 삶의 전반부에서 얻은 습관에 의해 결정된다"라고 하였고, 파스칼(Pascal)은 "인간의 덕의 힘은 그의 습관적인 행위에 의해 평가된다"고 하였다. 인간은 습관적인 존재라고 말할 수 있다. 만일 좋은 습관을 길들이지 아니하면 좋지 못한 습관을 가질 수밖에 없을 것이다. 교회에서는 교인들이 신앙성숙을 위해 좋은 습관을 가질 수 있는 프로그램을 개발하지 않으면 안된다.

새들백교회의 경우에는 영적성숙을 위해서 단계별 교육을 시키고 있다. 예를 들면 201강의에는 영적성장의 발견인데, 여기에서 주님의 제자로서의 네 가지 습관을 가지도록 훈련시킨다. 즉, 하나님의 말씀을 보는 시간의 훈련(요 8:31-32), 기도의 훈련(요 15:7-8), 십일조의 훈련(눅 14:33), 그리고 교제의 훈련(요 13:34-35)을 받도록 한다. 이러한 내용들은 예수님께서 교훈하신 제자의 삶에 관한 내용이다. 이러한 훈련이 끝난 다음에는 반드시 카드에 서명을 하게하고, 증인으로 릭 워렌 목사가 또한 서명한다. 그리고 이 카드를 언제나 소지하고 다니도록 하며, 매년 새로운 헌신을 하게하고 새로운 카드를 나누어준다.

이러한 훈련을 통해서 교인들이 성숙한 자들이 다 되는 것은 아니다. 그러나 영적성숙의 필요성을 깨닫게 하고 영적인 생활을 시작하도록 하는 것이 목적이며 이러한 시작을 통해서 실제적으로 영적인 성숙을 이루어 나가는 것이다. 영적성숙에는 다섯 단계가 있다. 즉, 말씀의 지식과 하나님의 관점과 확신과 숙련성과 성품이다. 이러한 다섯 차원의 배움이 영적성숙을 가져오는데 요소들이 되는 것이다. 새들백교회의 기독교 교육의 프로그램도 이러한 다섯 단계를 기초로 해서 이루어져 있다.

말씀의 지식

영적성장을 위해서 두 가지 질문으로 시작하는데, 첫째는 사람들이 무엇을 이미 알고 있는가, 두 번째는 그들이 알아야 할 것이 무엇인가라는 것이다. 대부분의 교회들은 출생성장과 이동성장을 통해서 성장하는데, 다른 교회에서 오는 교인들은 이미 어느 정도 성경지식을 가지고 있다. 그러나 교회를 불신자들을 위한 교회로 생각하는 경우에는 모든 교인들이 성경에 대한 지식이 전혀 없는 것으로 간주해야 하고 처음부터 시작해야 한다는 것이다. 또한 교회의 생활을 한 자라고 하여도 성경에 대한 지식을 갖고 있지 않은 사람들이 많이 있다는 것이다.

그러므로 교회는 새신자들을 위한 성경공부를 계속 제공해야 하고, 성경의 개론, 신약과 구약의 개론을 가르쳐야 한다. 새들백교회에서는 신약의 27권을 매주 수요일 밤으로 27주간에 마치는 프로그램도 가진 바 있었다. 지금 새들백교회에서 사용하고 있는 성경공부 방법은 말씀(WORD)이라는 프로그램이 있다. 이것은 영어로 Wonder(본문에 대해 알고 싶어하는 것), Observe(본문을 관찰하는 것), Reflect(본문을 숙고하는 것), Do(본문대로 실천하는 것)라고 한다. 이 과정은 매년 9월에 시작하여 6월에 마치게 되어 있다.

하나님의 관점

관점이라는 것은 더 넓은 면에서 어떤 관심 있는 것을 특별히 보는 것이고, 다른 것들과 어떤 관계성이 있는가를 이해하는 것이다. 영적인 의미에서 관점이란 하나님의 관점에서 삶을 보는 것이다. 지식은 하나님께서 말씀하신 것이나 행하시는 것을 배우는 것이라고 하면 관점은 왜 하나님께서 말씀하시고 행하셨는가를 이해하는 것이다. 불신자들은 영적인 관점이 없기 때문에 영적으로 성숙할 수가 없는 것이다. 하나님께서 이스라엘 백성들에게 책망하신 것이 그들의 영적인 관점의 부족 때문이었다. 그러므로 영적인 관점을 바로 가질 때 신앙이 성숙되어 질 수 있다(히 5:14). 하나님의 관점에서 모든 것을 볼 때 우리가 받는 유익이 여러 가지가 있다.

· 하나님을 더욱 사랑하게 한다.

하나님의 뜻과 성품을 알면 알수록 하나님을 더욱 사랑하게 된다(엡 3:18).

· 시험을 물리치게 한다.

하나님의 관점에서 우리의 상황을 보면, 죄의 결과가 무엇인가를 깨달을 수 있다. 이러한 관점이 없으면 우리 자신의 본성적인 욕심에 따라 죄를 범하게 된다(잠 14:12).

· 시련을 이기게 한다.

하나님께서는 모든 것을 협력하여 선을 이루게 하시고(롬 8:28), 또한 시련은 인내를 만들어 내는 것을 알게 된다. 예수님도 이러한 하나님의 관점에 십자가를 지시고 시련을 이기신 것이다(히 12:2).

· 관점은 우리로 실수 하지 않게 한다.

오늘날 다문화주의, 다종교주의 사회 속에서 가치관에 대한 이해들이 달라지고 있다. 이러한 사회 속에서 하나님의 관점을 가지고, 우리의 직장, 물질, 오락, 고난, 인간관계, 삶에 관한 문제들을 보게 되면 진리 가운데 확실하게 설 수 있다(엡 4:14). 새들백교회에서는 성경의 교리와 주요 관점에 대해 다음과 같이 요약하고 있다.

· 하나님: 하나님은 나의 생각보다 더 크시고 더 좋으신 분이다.

· 예수: 예수님은 자신을 우리에게 보여주시는 하나님이시다.

· 성령: 하나님께서 지금 내 안에 나를 통하여 역사하신다.

· 계시: 성경은 삶을 위한 하나님의 정확무오한 지침서이다.

· 창조: 우연히 일어난 것은 없으며 하나님이 모든 것을 창조하셨다.

· 구원: 은혜는 하나님과 관계를 가지는 유일한 방법이다.

· 성화: 우리를 위한 하나님의 뜻은 그리스도와 같이 성장하는 것이다.

· 선과 악: 하나님은 선택을 위해 악은 허락하셨다. 하나님은 악한 사건 속에서 선을 가져올 수 있다.

· 사후: 죽음이 끝이 아니라 시작이다. 천국과 지옥은 참으로 존재한다.

· 교회: 이세상에서 초자연적인 힘을 가진 유일한 곳이 교회이다. 교회는 영원하다.

· 기도: 기도는 하나님이 행하실 수 있는 모든 일을 할 수 있다.

· 재림: 예수님은 세상을 심판하고 그의 자녀들을 모으기 위해 재림한다.

확신

일반적으로 확신은 고정된 강한 신념이라는 뜻이 있으나, 신앙적으로 말할 때에는 이 확신은 가치관, 헌신, 그리고 동기의식을 모두 포함하고 있다. 하워드 헨드릭스(Howard Hendricks)는 신념은 당신이 주장하는 어떤 것이고 확신은 당신이 위해 죽을 수 있는 어떤 것이라고 하였다. 우리가 지식과 관점과 기술이 있다고 하여도 확신이 없으면 아무런 의미가 없는 것이다. 확신이 없으면 환경에 따라 움직이게 된다. 자신이 무엇이 중요한가를 결정하는 것이 아니라 다른 사람이 모두 결정하고 그 결정에 따라가게 된다. 사도 바울의 세상을 본받지 말라는 말씀이 바로 이러한 뜻이다(롬 12:2). 세상에 영향을 미친 사람은 모두 확신이 있는 사람들이였다.

숙련성

기술은 실제와 경험을 의미한다. 그리스도인의 삶에도 영적성숙을 위한 기술이 필요하다. 성경공부의 기술, 사역의 기술, 전도의 기술, 관계형성의 기술, 그리고 관리의 기술 등이 필요하다. 기술은 영적성장의 방법을 말한다. 지식과 관점은 사람이 무엇을 아는가에 관여되는 것이고, 확신과 성품은 어떤 사람이 되는가 관여되는 것이다. 기술은 행하는 것에 관여된다고 말할 수 있다.

오늘날 교인들의 고민은 지식의 부족에 있는 것이 아니라, 어떻게 하는가에 대한 방법의 무지에 있는 것이다. 그들은 성경공부가 중요하다는 말은 듣지만, 어떻게 공부해야 한다고 가르치는 사람은 없다. 기도해야 하는 것을 알지만 어떻게 기도해야 한다고 가르치는 사람이 없다. 그러므로 교회에서 영적으로 성숙한 그리스도인들을 만들기 위해서는 그리스도인의 삶의 기술과 사역의 기술을 가르쳐야 한다. 기술은 일을 효과적으로 하도록 만들어 준다(전 10:10).

새들백교회에는 삶의 기술을 발전시키는 세미나가 있다. 이 세미나는 4시간에서 8시간까지 있는 주로 하루에 가르치는 세미나이다. 이 세미나에는 특정한 한 가지 제목만을 가지고 가르친다. 즉, 어떻게 기도하는가, 어떻게 성경을 공부하는가, 어떻게 시험을 이기는가, 어떻게 인간관계를 잘 가지는가라는 주제로 세미나를 가진다.

성품

그리스도와 같은 성품은 그리스도인의 교육의 궁극적이 목표이다(엡 4:13). 그리스도와 같은 성품을 가지도록 하는 것이 삶의 가장 중요한 사명이다. 예수님도 우리가 영원히 상급 받는 것은 이 세상에서 어떤 인격과 성품을 가졌는가에 달려있다고 말씀하고 있다. 다시 말하면 변화된 삶이 있어야 한다(딤전 1:5; 딛 2:1). 성품은 강의실에서 만들어지지 않는다. 하나님은 우리의 성품을 조성시키기 위해 환경을 사용하시기도 한다. 그리스도와 같은 성품은 갈라디아서 5장 22~23절의 말씀과 같이 성령의 열매인 사랑, 희락, 화평, 인내, 자비, 양선, 충성, 온유, 절제인 것이다. 그러므로 기독교 교육의 주된 목적은 그리스도의 성품을 가지게 하는데 있다.

사무엘 스마일즈(Samuel Smiles)는 이런 말을 하였다. 즉, "생각을 심어서 행동을 거두고, 행동을 심어서 습관을 거두고, 습관을 심어서 인격을 거두고, 인격을 심어서 운명을 거둔다."

가장 중요한 것은 먼저 성경의 지식이다. 이 지식 위에 하나님의 관점을 가져야 한다. 성경지식이 많으면 많을수록 하나님의 관점에서 삶을 보게 될 것이다. 그리고 이러한 관점을 가지고 보게 되면 확신이 생기게 된다. 하나님의 관점에게 보면, 성경적인 확신을 가지기 시작할 것이다. 하나님의 목적과 계획을 이해하면, 삶의 모든 것을 변화시킬 수 있다. 확신은 영적인 습관을 유지하도록 동기를 제공한다. 이러한 것이 반복될수록 습관은 점차적으로 기술로 바뀌게 되는 것이다. 그러므로 알고, 이해하고, 믿고, 행하는 것이다. 이러한 결과가 성품으로 나타나는 것이다(골 1:28). 기독교 교육 프로그램에서 물어야 할 질문들은 다음과 같다.

· 성경의 내용과 의미를 배우고 있는가?

· 자신과 자신의 삶과 다른 사람들을 하나님의 관점에서 보고 있는가?
· 하나님의 가치관에 가치관이 변화하고 있는가?
· 하나님을 섬기는데 기술이 더 나아지고 있는가?
· 그리스도와 같이 닮아가고 있는가?

교회 안에서 양육의 문제는 교회의 역사성과 깊은 관계가 있다. 오늘날 교회들이 존속하여 사명을 다하고 있는 것은 오순절 이후 전 세계에 흩어진 교회들이 자체적으로 교인들을 양육하며 제자를 삼는 사역이 있었기 때문이다. 신약성경에서 이 양육과 제자 삼은 문제는 핵심 주제를 이루고 있다고 말할 수 있다.

레이몬드 오트룬트(Raymond Ortulund)는 이 사실에 대해 다음과 같이 말하고 있다. "주 예수님과 사도 바울이 이 세상을 떠나면서 같은 말씀을 남기셨다. 그 핵심은 '지금이 마지막이라고 생각하지 말고 다시 세상으로 돌아가서 제자들을 삼고 내가 너희에게 가르친 모든 것을 다른 사람들에게 가르치라' (마 28:18-20) 라는 것과 '너는 내가 다른 사람들에게 말한 것을 들었으니 그것들을 자신들이 자격을 갖춘 후에는 또 다른 사람들을 가르칠 수 있는 믿을 만한 사람들을 찾아 그들에게 전수해 주라' (딤후 2:2) 는 것이다. 곧, 양육과 제자훈련을 통해서 계속 고리를 이어가며 다른 사람들을 위로하라는 말씀이다."

양육은 여러 가지 형태로 다양하게 이루어진다. 그러나 모든 양육은 의도적인 양육과 자연적인 양육의 어떤 중간 사이에서 일어나는 것이다. 양육에는 계획이 없으며 양육은 성령께서 교회에 임재하시면 (요 16:13), 그 결과 자연스럽게 영적성장이 있다고 주장하는 사람들이 있다.

교회에는 처음 거듭나는 사람들이 있기 때문에 반드시 교회 안에는 그들을 영적으로 성장시키는 양육이 자연스럽게 이루어진다는 것이다. 처음에는 어린아이를 키우듯이 약간의 양육의 단계가 있어야 하지만, 시간이 지나면서 설교와 성경공부를 통해서 자연스럽게 신앙성장을 이루어 나간다는 것이다. 다시 말해서 양육은 계획하거나 의도할 수 없는 것이며 성령께서 임하시면 영적으로 성장하게 된다는 것이다. 사람이 만든 프로그램을 통해서는 영적성장이나 양육을 받을 수 없다는 것이 비의도적인 양육을 주장하는 사람들의 입장이다.

오늘날 한국교회는 지나치게 많은 양육 프로그램을 제공하며 그러한 프로그램을 통과하면 반드시 기대하는 대로의 어떤 영적성장을 가져오는 것으로 생각하고 교인의 신앙생활과 영적성숙과정을 기계적으로 계획하고 고안하는 것은 크게 잘못된 것이라고 생각할 수 있다.

어느 정도 양육의 프로그램은 필요하겠지만, 지나치게 의도적이고 계획적인 양육은 교인을 오히려 양육시키기 보다는 영적 성장에 피해를 입히는 경우가 있다는 것도 알 필요가 있을 것이다. 이러한 계획적인 양육 프로그램은 소위 교회 밖의 파라처치 운동의 영향을 받은 것으로 생각된다. 예를 들면 네비게이토(navigator)와 같은 초교파 단체들이 이러한 입장을 강력히 선호하고 있는 것이다. 이들은 디모데전서 4:7-8, 골로새서 1:28-19, 디모데후서 2:2과 같은 영적성장 과정에서 직접 책임을 지고 교육할 것을 가르치는 성경구절을 강조하고 있는 것이다.

교회 안의 양육의 문제는 다양하다. 주일학교나 소그룹이 교인양육에 어떤 역할을 하며, 그리고 이러한 계획된 양육 프로그램을 통한 기대한 영적 성장은 어디까지인가와 같은 문제들이 있다. 그리고 대형교회에는 많은 사람들이 주일학교나 성경공부반, 그리고 소그룹에서 양육의 기회를 갖지 못하는데, 이러한 사람들에 대해서는 어떤 양육의 방법을 사용할 것인가? 그리고 양육과 설교와의 관계는 어떠한가? 설교는 양육보다는 양육을 위한 격려와 동기를 부여하는 것이라고 말할 수 있다. 의도적인 양육을 주장하는 사람들은 양육은 하나의 교훈만이 아니라 삶의 변화에 관심을 가지고 성장을 목표로 하고 있다고 말한다. 또한 양육의 문제는 제자화에 대한 성경적인 정의의 문제이다.

미국교회는 다양한 양육 프로그램을 가지고 있다. 그중에 대표적인 교회가 새들백교회라고 생각한다. 새들백교회는 "믿음의 가족교회"라는 조직적인 성장과정이 있다. 이것은 그리스도 안에서 성장하도록 하기 위해 계획적으로 사람들을 인도해 나가는 새들백교회의 모델이다.

이 내용을 간단히 정리하면 다음과 같다.

> "우리는 사람들을 교회 안으로 데려와 양육합니다. 양육하기 위해 그들을 훈련시킵니다. 우리는 먼저 그들이 그리스도에게 투자하도록 하기 위한 과정을 제시합니다. 그리스도가 누구신지 와서 보라는 것입니다. 그 다음에는 사람들이 그리스도와 관계를 맺도록 소개해 주는 어떤 행사에 참석하도록 초청합니다. 그 다음에는 그들이 그리스도인으로서 체험을 쌓는데 도움을 주도록 짜여져 있는 201강좌에 참여하도록 합니다.

우리의 목표는 교인들이 영적성장에 전적으로 헌신하게 하는 것입니다. 우리는 그들이 스스로 교회에 나와서 등록하리라고 기대할 수가 없으며 실제로 그들을 그렇게 하지 않습니다. 우리는 아무것도 전제 조건을 삼지 않습니다. 우리 교회는 의도적으로 성장하게 하며 비계획적으로 성장하게 하려고 하지 않습니다. 우리는 소그룹이나 제자화 그룹과 같은 계획적인 프로그램을 써서 그렇게 합니다.

우리는 사람들이 우리가 기대하고 있는 대로 될 것이라고 생각합니다. 우리가 사람들에게서 찾아 볼 수 있는 자격이 무엇이 있겠습니까? 그 다음에 그들은 헌신단계에서 핵심 구성원이 되도록 합니다. 그리고나서 그들에게 301강좌를 듣게 하는데 이것은 어떤 사역이 진정 그들이 되고자 하는 그런 사람을 만들어 주는가를 알아가도록 우리가 도와주는 것입니다. 맨 마지막은 프로그램으로 하는 것이 아닙니다. 맨 마지막은 다른 제자를 찾게 하는 것이다."

교인을 전체적으로 양육을 하는 방법은 주일예배와 주일학교와 구역모임, 그리고 한주간의 삶에 관한 교훈과 위로의 말씀이 있는 주간편지를 통해서 양육할 수 있다. 또한 목회자는 심방을 통해서 교인들의 영적건강 상태를 진단하고, 그들의 영적으로 성장하고 있는가를 확인해야 한다. 한국교회가 영적으로 성장할 수 있었던 요인 중에 하나는 사역자들이 끊임없이 교인들을 심방하며 영적으로 어떤 상태에 있으며 어떻게 성장하고 있는가를 알고, 거기에 적절한 양육의 방법을 적용하였기 때문이라고 생각한다. 이민교회의 경우, 심방은 교인들의 영적생활과 건강을 확인할 수 있는 유일한 방법이라고 해도 과언은 아니다. 이민교회의 심방은 교인의 양육에 절대적으로 필요한 것이다. 미국교회에서도 심방을 통해서 영적 성장을 확인해야 한다고 말하는 목회자들이 많이 있다.

현재 미국에서 베이비 부머(Baby boomer)들의 마음에 들 수 있는 양육 프로그램은 세 가지가 있다. 첫 번째 프로그램은 영적계획이라는 것인데, 현재 미국에서 많이 사용하고 있는 양육 프로그램이다. 이 프로그램의 내용은 다음과 같다. "영적계획 프로그램은 개인의 신앙성장을 위해 개인에 맞게 계획을 세울 수 있는 융통성 있는 프로그램이고, 각 제자들의 유일한 경험과 자원들을 중요시하는 사역을 기초한 프로그램이다. 이 계획과정의 단계는 다음과 같이 설명할 수 있다. 첫째는, 우리 재정계획을 세우는 사람처럼 돕는 것이다. 우리는 하나님께서 그들에게 주신 영적인 은사가 무엇이고, 어떤 것들이 있는지 항목에 적도록 한다.

즉, 영적은사와 일반은사가 무엇인가를 적게 한다. 다음에는 자원을 관리하는 자와 같이 그들을 돕는다. 우리가 필요로 하는 것과 활용할 수 있는 기회를 근거로 그가 할 수 있는 가능한 사역을 제시한다. 그런 후에 그들의 경력을 관리하는 상담가처럼 우리는 개개인에게 향후 12개월 동안의 구체적인 활동계획을 기록하게 된다. 이런 영적계획에는 성장과 사역을 위해 실행 가능하고 측정 가능하며 성취 가능한 목표들이 포함되어 있다."

두 번째 미국교회가 사용하고 있는 양육 프로그램은 로버트 액커(Robert Acker)와 밥 로건(Bob Logan)이 공동적으로 개발한 것인데, 현재 풀러신학교 교회성장연구원을 통해 소개되고 있다. 프로그램의 내용은 다음과 같다.

"모든 사람이 성령으로 말미암아 한 가지 또는 그 이상의 은사로 자격을 구비하는 것이다. 이런 은사들은 주님께서 우리가 사역할 때 사용하기를 바라시는 다른 자연적인 은사들과 결합되어 있다. 우리는 사람들이 자신들의 영적 은사를 발견하고 사용하도록 온 힘과 인력을 쏟아 부었다."

세 번째는 네트웍킹(Net Working) 이라는 프로그램인데, 역시 풀러신학교를 통해서 소개되고 있다. 이 프로그램은 시카고의 윌로우크릭교회가 개발한 것이다. 현재 미국에서 의도적인 양육과 제자화에 관심이 있으면 여러 책들이 도움이 될 것이다.

성인들을 위한 양육에서 중요한 것은 교인들 간의 사랑의 관계형성이다. 성경은 교회 안에서 성도간의 사랑의 관계와 교제를 강조하고 있다(행 2:42, 갈 5:26-6:2, 엡 4:15-16, 히 10:24-25). 성장하는 교회는 성도들의 교제가 원활하고, 이러한 교제를 통해서 교인들이 영적으로 성장하며 양육을 받는 것이다. 주님도 하나님의 나라는 모든 성도들이 함께 참여하며 서로의 책임을 다할 때에 이루어진다고 말씀하고 있다(막 3:14).

사도 바울도 우리가 하나님의 나라를 건설하고 그리스도인들이 모두가 져야 할 짐들이 있기 때문에 서로 서로 짐을 져 주고(롬 15:1-2; 갈 6:2) 다른 그리스도인들과 사랑의 관계를 맺어야 한다고 교훈하고 있다(벧전 1:22). 교회는 그리스도의 몸이고 성도들은 몸의 각 지체이다. 중요한 것은 서로 선행하며 사랑을 할 수 있어야 그리스도인의 양육이 이루어지는 것이다. 이러한 서로의 관계가 이루어 질 때, 소위 소그룹의 사역이 이루어 질 수 있는 것이다. 대형교회나 교회가 성장해 나갈 때 이러한 소그룹 사역을 통해서 성인 교인들의 영적성장과 양육을 해 나가는 것은 매우 중요하다.

문제는 이러한 소그룹 사역이나 교인들을 위한 성경공부반에 교인들이 참여하지 않으려고 하는 경향이다. 대형교회일수록 이러한 사람들의 숫자가 많다. 미국교회의 경우 교인들 중에 76%가 주일학교 성경공부에 참석하고, 소그룹의 경우에는 25%가 참석하며, 소그룹에 최대한도로 참석하는 교회가 있는 경우에는 60%가 넘지 않는 것으로 나타나 있다.

한국교회의 경우는 구역모임이나 각 기관들의 소그룹 사역에 참여하는 숫자가 미국교회의 경우보다 더 많은 것으로 볼 수 있다. 그러나 미국에 있는 이민교회의 경우는 소그룹에 참여하는 숫자는 많지 못한 것으로 나타나 있다. 그 이유는 이민교회와 이민사회의 특수성 때문이라고 볼 수 있고, 교회 안에서 교제가 원활이 이루어지고 있지 못하기 때문인 것으로 알려져 있다.

현재 미국교회는 한국교회 성장에 많은 관심을 가지고 있다. 특히 소그룹의 사역이 교회성장에 큰 영향을 미치고 있는 것으로 생각하고, 순복음중앙교회의 구역제도를 모델로 소그룹 사역을 개발하고 교회성장을 추구하고 있는 실정에 있다.

대부분의 미국교회가 교회 성장에 두 가지 중요한 모임이 있다고 하는데, 그것은 주일낮예배가 축제적인 예배가 되는 것과 주중에 소그룹 사역으로 모임을 가지는 것이라고 한다. 그러나 이러한 교회성장 방법론에 반대 이론을 제시하는 미국 목사들도 많이 있다. 예를 들면, 누트 라슨(Knute larson)은 성인 성경공부와 소그룹 사역에 관해 중요한 말을 하고 있다. "교회는 대규모의 예배와 작은 규모의 소그룹만이 필요하다고 하는 교회성장론자들의 의견에 반대한다. 흔히 그들은 한국의 조목사의 모델에 근거하여 가르치고 있는데 한국은 문화도 우리와 다르고, 또 그들은 성경공부와 교제 자체를 어떤 교회생활로 활용할 수도 있는 교회이다."

그는 또한 사람들이 스스로 소그룹 모임에 헌신하는데 필요한 강력한 지침을 제시하고 있다. 즉, 교인들의 소그룹에 참여시키려면 어떤 정한 기간인 4주 정도를 정하고 그 기간에 참여하게 하여 처음의 좋은 경험을 통해서 다음에 오랫동안 소그룹 모임에 참여하게 하는 것이다.

중요한 것은 이러한 소그룹의 모임이 어떤 일정한 기간과 과정이 지나면 반드시 끝이 있다는 것으로 교인들에게 알리고 참석하게 하며, 이러한 과정을 통해서 양육과 신앙성장이 이루어질 것을 기대한 것으로 소그룹 사역을 운영해 나가야 한다. 그리고 이 소그룹 사역은 반드시 전도사역과 연관성을 가지고, 새로운 그룹이 조직 될 때에는 더 많은 전도의 기회를 제공하도록 해야 한다.

제 3 부

새들백교회 구도자 예배와 메시지

그 말씀이 너희를 능히 든든히 세우사
거룩케 하심을 입은 모든 자 가운데
기업이 있게 하시리라

행 20:32

현실 문제를 해결해 주는 전도적 메시지

예수님도 전도사역의 철학을 가지고 공생애의 사역을 하셨다. 예수님께서 사역하시던 곳마다 수많은 사람들의 관심의 대상이 되고, 예수님께로 모인 이유는 무엇인가? 물론, 병자들을 치유하시는 능력과 기적을 베푸시는 능력, 그리고 가르치시는 것이 바리새인과 서기관들과 같지 않고 권세 있는 자와 같이 가르치기 때문이라고 설명할 수 있다. 그러나 이러한 외부적인 사역으로 나타나는 예수님의 전도사역의 방법론만이 아니라, 예수님께서 특별한 전도의 철학을 가지고 사역하였기 때문에 많은 무리들이 주님께 모인 것이다.

새들백교회의 워렌 목사는 사람들이 예수님을 좇았던 이유가 세 가지라고 설명하고 있다. 여기에서 불신자 전도에 대한 사역철학을 세울 수 있다고 말하고 있다.

예수님은 불신자들을 사랑하여 그들과 함께 먹고 마시며, 교제하는 시간을 많이 가지시고, 이러한 사역을 즐기신 것이다. 복음서에 보면 예수님은 바리새인이나 서기관들과 같은 종교적인 지도자들과 함께 시간을 보내는 것보다는 세상에서 인정받지 못하고 버림받은 자들인 불신자들과 더 많은 시간을 보내며 대화를 나누며 복음을 전한 사실을 알 수 있다.

예수님께서 이러한 사람들과 함께 자리를 같이하여 교제하며 먹고 마셨기 때문에 당시의 종교 지도자들은 예수님을 가리켜 "먹기를 탐하고 포도주를 즐기는 사람이요 세리와 죄인의 친구로다"라고 까지 별명을 붙여준 것이다(눅 7:34).

오늘날 목회자와 교인들이 과연 '죄인의 친구' 또는 '불신자의 친구'라고 불려지고 있는가? 잃어버린 자들에 대한 민망한 마음과 동정과 사랑이 없으면 열심히 전도하여도 아무런 결실을 가져오지 못하는 것이다. 신약의 말씀에서 사랑에 대한 계명이 55회나 반복되어 강조되고 있는 이유가 여기에 있다. 하나님과 이웃을 사랑하는 것이 전도의 근본적인 동기이다(요일 1:8).

교회가 전도의 사역을 바로 하기 위해서는 이미 언급한 대로 교회의 교인들과 목회자들은 교회에 찾아오는 불신자들에 대해 따뜻한 사랑이 있어야 한다. 오늘날 교회가 성장하지 않는 가장 근본적인 이유는 교인들이 불신자들을 사랑하지 않고 있기 때문이다. 교인들의 사랑의 관심과 대상이 교회를 찾는 방문자들과 구도자들에게 있어야 한다(마 9:36).

많은 교회가 교인들 간의 사랑만을 강조하고 그들만의 교제에 힘쓰기 때문에 성장하지 못하고 내적인 사역에만 초점을 맞추고 있기 때문에 처음 나오는 불신자들이 기존 신자들의 교제의 벽을 뚫을 수가 없는 것이다.

그러나 대부분의 교회들이 착각 속에서 교회생활을 하고 있다. 즉, 자신들의 교회는 사랑이 많고 친절하고 교제가 잘 되고 있다고 생각한다. 이것은 교회 안의 기존 신자들 간의 사랑과 교제가 많다는 이야기이다. 이러한 자기들만의 사랑과 교제가 처음 교회에 찾아 나오는 초신자나, 전도 대상자인 불신자들에게까지 자동적으로 미치게 되는 것은 아니다.

교회가 성장하지 않는 것은 불신자들이 교회 안에 들어와서 구원받기를 원하고 있지만, 실제 교회생활 속에서 신자들이 불신자들과의 관계를 어떤 관계로 형성해야 할지 잘 알지 못하고 또한 불신자들로 인한 여러 가지 부담과 어려움 때문이다. 자아 만족주의적이고 자아 편리주의적인 교인들이 모인 교회는 불신자 전도사역을 통하여 교회 성장을 이루기 어렵다. 그러므로 교회는 의도적으로 불신자들에게 그리스도의 사랑을 진심으로 표현하고 실천하기 위해 교회의 사역의 방법과 모든 프로그램을 과감하게 변경하지 않으면 안 된다.

몇년 전에 딘 켈리(Dean Kelly)가 "미국의 성장하는 교회는 교리적으로 보수적인 교회들"이라는 연구논문을 출판한 일이 있다. 그러나 사실 보수적인 교회들이 모두 부흥하고 성장하고 있는가? 그렇지 않다. 성경적으로 보수적이라고 하는 교회들과 교단들이 교인수가 급속히 감소되고, 어떤 경우에는 교회가 문을 닫는 경우도 있다는 것을 주지해야 한다. 성장하는 교회는 교리적으로 보수적일 뿐만 아니라 교회 밖의 불신자들에 대한 관심을 가지고 사랑을 실천한다.

윈 안(Win Arn)은 교인들이 하나님을 사랑하고, 교인들 간에 서로 사랑하고, 교인들이 세상의 불신자들을 사랑하는, 진정 사랑으로 충만한 교회만이 참된 교회성장을 이룰 수 있다고 주장했다.

릭 워렌 목사의 간증을 들어보면 새들백교회가 성장하는 우선적인 이유 중에 하나가 교인들이 새로 오는 사람들을 사랑으로 환대하기 때문이라고 한다. 다시 말하면, 처음 방문자들을 따뜻하게 맞이한다. 17년 목회하는 동안에 교인들이 실제적으로 잃어버린 영혼들을 구원하기 위한 사역을 감당하기 위해 57회의 예배장소를 이동하는 동안 교인들은 방문자들을 따뜻하게 영접하기 위해 새벽부터 나와서 봉사하는 모습을 보아왔다고 고백하고 있다.

대형교회는 언제나 냉냉하고, 사랑이 없고, 비인격적이지만, 작은 교회는 따뜻하고, 사랑이 많다는 이야기는 옳지 않다. 교회의 사랑과 친절은 교회의 규모와 아무런 관계가 없다. 초신자들은 목사의 설교나 예배분위기가 교회를 정하는 데 커다란 영향을 주지 못한다. 그들을 진정 사랑하는 사람이 있는 교회에서 함께 교회생활을 원하는 것이다.

목사의 설교와 예배분위기로 초신자나 방문자들을 몇 주일 또는 몇 달을 붙들 수 있으나, 진정한 교인들의 사랑이 없는 한 그들은 떠나가 버리고 마는 것이다. 그러므로 사랑이 있는 교회에 사람들이 모여들고, 사랑이 없을 때 사람들은 흩어지는 것이다. 교회의 프로그램과 사역의 기술이 불신자들을 향한 사랑을 대신할 수 없다.

모든 사역의 동기는 불신자 구원에 두고, 불신자들을 사랑하는 마음을 가져야 한다. 목회자는 불신자를 사랑하는 마음으로 설교하고,

가르치고, 평신도들은 불신자 구원을 위해 사역을 해야 한다. 불신자 사랑이 모든 사역의 동기가 되어야 한다. 불신자들이 교회에서 진정한 그리스도의 십자가의 희생적인 사랑을 체험할 때 하나님의 백성으로 성장하기 시작하는 것이다.

예수님의 사역에 많은 무리들이 관심을 가지고 나온 이유는 예수님께서 육신적인 문제, 영적인 문제를 비롯해 인간의 삶에 관한 모든 문제에 관해 잘 알고 계셨고, 그 모든 문제를 해결하시고, 그들의 부족과 필요를 채워 주셨기 때문이다(마 15:30). 예수님은 그들의 문제를 부정적으로 보지 않고, 죄책감을 주기보다는 오히려 사랑하는 마음과 동정심을 가지고 불쌍하게 대해 주시고, 모든 문제를 해결해 주셨다(눅 6:17-18; 요 6:2).

예수님은 무리들의 필요를 충족시켜 줌으로써 불신자들에게 전도할 수 있는 기회를 가지게 된 것이다. 사람들이 예수님께 나아오는 이유와 동기는 다양하다. 중요한 것은 사람들이 예수님께 나오는 이유를 아는 것이 아니라, 그들이 예수님께 나아왔다는 그 자체가 중요한 것이다. 예수님은 그들이 나아왔을 때 삶의 의미와 가치관과 가장 중요한 것이 무엇인가를 깨닫게 해 주신 것이다.

오늘날 사람들이 교회에 나오거나 주님을 믿고자 할 때에 자신의 어떤 문제의 해결함을 받고자 하는 욕망을 가지고 나아온다. 하나님은 자신의 필요를 채우고 문제의 해결함을 받고자 하는 마음을 통해서 우리의 마음을 하나님께로 돌리도록 하는 것이다.

교회가 전도의 사역을 잘 감당하기 위해서는 교회가 속한 지역의 불신자들의 문제를 해결해 주는데서 시작해야 한다. 복음을 전하기 전에 해야 할 일은 교회가 지역 사람들로부터 관심의 대상이 되는 것이다. 현대인들의 관심을 끈다는 것은 매우 어려운 일이다.

20세기 초인 소위 미국의 교회전성기라고 할 수 있는 시기에는 교회의 웅장한 건물이 도시마다 동네마다 중심거리에 자리를 잡고 있었고, 교회 목사들이 사회에서 가장 많은 교육을 받고 유명인사로 인정을 받았기 때문에 교회가 자연히 모든 지역 사람들에게 관심이 되지 않을 수 없었다.

그러나 오늘날은 교회와 목회자들이 사회에서 인정을 받고 관심의 대상이 되기 어렵다. 릭 워렌 목사는 새들백교회의 존재목적문과 비전기술문에서 그 존재목적이 고통과 절망과 좌절과 낙심과 혼돈가운데 사는 사람들에게 사랑과 용납과 위로를 제공하며 새들백 주민들에게 영적, 육적, 감정적, 지적, 사회적인 필요를 충족시켜 주는 것이라고 밝히고 있다.

교회는 전인(全人)사역을 위해 존재하여야 하며 하나님은 영적인 면만 아니라, 인간의 모든 삶의 영역에 모두 관여하고 계신다는 사실을 기억해야 한다(약 2:15-16).

성장하는 교회의 공통적인 특징은 교회가 속한 지역 주민들의 필요에 민감하고, 그 부족을 채워주는 사역을 하고 있다는 점이다. 사람들이 자신의 부족의 채움을 교회에서 공급받으면 교인의 출석이 문제가 아니라 너무 많은 사람들이 교회를 찾는 것이 문제가 될 수 있을 것이다. 교회가 속한 지역주민들의 필요가 무엇인가를 알아야 한다.

새들백교회의 경우 젊은 부부들이 많이 살고 있는 지역주민들의 필요가 영아들의 대소변 가리는 훈련임을 발견하고 훈련 프로그램을 통해서 젊은 부부들에게 복음을 전할 수 있는 기회를 포착했다. 결국, 영아를 위한 세미나를 통해서 젊은 부부들이 복음을 듣게 되었고, 후에 그리스도인들이 되었다.

현재 새들백교회는 70개의 지역주민들의 필요를 채우는 사역을 하고 있는데, 유산하는 젊은 아내들을 위한 사역, 독신남편, 독신녀들을 위한 사역, 술과 마약 중독자들을 위한 사역, 학대받는 사람들을 위한 사역 등이 있다.

불신자들이 공통적으로 가지는 필요가 있다. 사랑, 용서, 평안, 의미, 자아상, 삶의 목적 등이다. 사람들은 죄와 죄책감과 염려, 분노, 실망, 고독에서 해방받기를 원하고 있다. 교회가 불신자들에게 이러한 필요를 충족시켜 줄 수 있는 사역이 있음을 알려주어야 한다. 불신자들이 교회에 나와서 변화를 받는다는 것이 교회의 최상의 광고와 홍보가 된다. 교회가 지역주민들의 문제들을 해결해 줄 때 교회에 대한 소문이 나게 되며, 이 소문은 많은 불신자들로 교회로 향하게 만들고 복음을 듣고 신자가 되는 기회를 제공하게 되는 것이다.

불신자들에게 복음을 전하기 위해서는 예수님과 같이 그들의 관심을 불러 일으켜 듣기에 즐겁고 흥미 있게 가르쳐야 한다. 복음서에서 예수님은 무리들에게 늘 가르쳤고 무리들이 즐겁게 들었다고 말씀하고 있다(막 12:37; 참조 마 13:34; 막 10:1). 그리고 무리들은 예수님의 가르침에 대해 놀란 반응을 보이고 기이하게 생각하였다고 말씀하고 있다(마 7:28; 22:33; 막 11:18; 12:37; 마 11:18).

예수님께서 전도사역에서 많은 결실을 거둘 수 있었던 것은 불신자들을 사랑하고, 그들의 삶의 현장에서 문제를 해결해 주고, 또한 하나님의 나라에 관해 가르치는 사역이 있었기 때문이다. 그러므로 오늘날 현대교회에서 복음을 전할 때에 이러한 예수님의 사역을 본받아야 한다.

전도사역에는 가르치는 사역이 반드시 수반되어야 하는 것을 기억해야 한다. 다시 말하면 전도설교를 할 때에 불신자들이 부담 없이 들을 수 있도록 해야 한다. 그러나 오늘 어떤 목회자들은 교인들이 설교를 즐겁게 들으면 설교가 아니라고까지 주장하기도 한다. 이들은 설교는 교인들을 기쁘게 해 주기 위해 하는 것이 아니라고 한다.

미국의 갤럽조사에 의하면, 교회 나가지 않는 사람들에게 가장 지루한 곳이 교회라고 한다. 설교가 영적인 것이 되려면 지루해야만 한다고 생각할 필요가 없다. 교회에 잘 나가지 않는 사람들에게 지루한 설교는 용납될 수가 없다. 잘 전달되지 않는 진리는 무시되는 것이다.

릭 워렌 목사는 오늘날 목사들이 세상에서 가장 흥미 있는 성경책을 가장 지루한 책으로 불신자들에게 전하고 있다고 한다. 그는 흥미 있는 성경책을 지루한 책으로 전하는 것은 하나님 앞에서 큰 죄악이라고까지 말한다. 하나님의 말씀이 흥미 없이 전달되고, 불신자들이 목사를 지루하게 설교하는 사람으로 생각한다면, 하나님도 지루한 하나님이라고 불신자들은 생각하게 된다는 것이다(요 12:49-50).

불신자들에게 복음을 전하기 위해 말씀을 가르치실 때에 예수님께서 사용하신 가르침의 방법을 배워야 한다. 예수님의 가르치는 방법에서 불신자들에게 관심을 집중시키기 위해서 새들백교회의 릭 워렌은 다음의 몇 가지를 제안하고 있다.

이야기를 사용하여야 한다.

예수님은 이야기를 잘 하시는 분이었다. 진리를 가르치기 위해 비유로 말씀하였다(마 13:34). 성경은 어떤 의미에서 이야기의 책이라고 말할 수도 있다. 하나님은 이야기를 통해서 자신의 뜻을 우리에게 전하신 것이다. 이야기를 가지고 영적인 진리를 전달할 때 여러 가지 유익이 있다. 즉, 이야기는 관심을 불러일으킨다. 이야기는 우리의 감흥을 불러일으킨다. 이야기는 기억에 남는다.

신학적인 용어를 피하고 간단한 말을 사용한다.

예수님은 모든 사람들이 알아들을 수 있는 말을 사용하였다. 예수님은 당시의 학자들이 사용하는 헬라어를 사용하지 않고, 보통사람들이 사용하는 아람어를 사용하신 것을 기억해야 한다. 예수님은 새, 화초, 동전과 같은 매일의 삶 속에서 연관 지을 수 있는 물체들을 가지고 예를 들어 말씀하신 것이다. 예수님은 깊은 진리를 간단하게 가르치셨는데, 대부분의 목사들은 예수님의 방법과 반대로 간단한 진리를 너무 심오하게 가르친다.

성경에 간단하게 나타나 있는 말씀을 너무 복잡하고 자세하게 가르치는 경우도 많이 있다. 설교에 헬라어와 히브리어를 사용하는 것도 교인들이 이해하지 못하는 언어이기 때문에 사용해서는 안 된다. 불신자들을 위한 설교는 쉬운 말로 간단하게 해야 한다.

아인슈타인은 “당신이 간단한 방법으로 전달하지 않았다면 무엇인가를 진정 이해하지 못하고 있는 것이다."라고 하였다. 아무리 많은 지식이 있어도 상대방에게 그 지식을 간단하게 전달할 수 있어야 그 지식을 소유하고 있는 지혜자가 되는 것이다. 릭 워렌 목사는 설교를 간단하게 잘 하는 목사로 알려져 있다. 새들백교회가 위치하고 있는 지역이 미국에서 교육수준이 높은 지역임에도 불구하고, 릭 워렌 목사의 쉽고 간단한 설교를 들으러 사람들이 많이 모여 들고 있다. 목사는 언제나 보통사람들이 사용하는 쉬운 말로 설교해야 한다.

현실의 문제에서 시작하여야 한다.

예수님은 가르치실 때, 무리 중에 어떤 사람이 어떤 해답을 원하는 질문을 할 때에, 그리고 현장에서 어떤 문제가 발생하였을 때 그 시간, 그 현장에 관심 있는 문제부터 가르치기 시작하셨다. 다시 말해, 가려운 곳을 찾아 시원하게 긁어주는 방법을 사용하셨다.

예수님은 언제나 현재성과 현시성에 적합한 말씀을 가지고 가르치고 설교하신 것이다. 예를 들면, 나사렛에서 처음으로 가르치실 때 이사야서의 말씀을 인용하면서 그의 사역은 모든 사람들의 상처와 필요를 채워주는 사역이 될 것을 선포하셨다(눅 4:18-19).

사람들은 자기의 필요와 부족의 문제를 가지고 가르칠 때에 복음에 관심을 가지기 시작하는 것이다. 훌륭한 선생은 학생들의 관심과 그의 수준에서 시작한다. 훌륭한 판매인은 상품의 품질 선전에서 시작하지 않고, 고객의 입장에서 그의 구매 필요성에 호소하며, 판매를 시작한다. 그러므로 복음을 전할 때에 불신자들이 처해 있는 상황에서 출발해서 성경이 말하는 신앙의 수준으로 이끌어 올려야 하는 것이다.

우리 두뇌 속에는 망상(網狀)활동조직망이라는 것이 있다고 한다. 이 망상활동조직망 때문에 하루에 일어나는 수백만 가지의 일에 대해 일일이 반사작용을 의식적으로 하지 않아도 될 수 있도록 두뇌가 만들어져 있다고 한다. 만일에 모든 감지한 것에 대해 반응한다고 하면 사람들은 정신이 잃어버리게 된다고 한다.

그러나 이 망상활동조직망 때문에 선택적으로 관심을 가지고 보고, 듣고, 냄새를 맡을 일에 대해 의식적으로 반응을 보일 수 있다고 한다. 사람들은 가장 가치가 있다고 생각하는 것들, 유일무이한 특별한 것, 그리고 위협적인 것이 있을 때 관심을 가진다고 한다. 무관심한 군중들을 향해서 복음을 전할 때에 복음에 집중하도록 하기 위해서는 이러한 방법을 적용하는 것이 중요하다.

예수님께서도 복음을 전하실 때 때로는 인간의 고귀한 가치성을 가지고 관심을 집중시켰는가 하면, 때로는 종교 지도자들에게는 복음을 위협적으로 전하기도 하였고, 고난 받는 자들에게는 위로의 말씀을 가지고 복음을 전한 것이다.

오늘날 세상의 불신자들은 복음에 대한 관심이 없다. 사회의 도덕적 상대주의 때문이다. 사람들은 범죄에 대한 불안과 두려움, 가정파탄 등의 어려움을 겪고 있으면서도 사회의 도덕적 상대주의 때문에 교회가 전하는 진리의 가치에 대해 전혀 관심을 가지지 않는다. 세상의 불신자들은 진리에 대한 교훈보다는 오히려 위로와 안식의 복음을 듣기 원한다.

그러나 현대 교회의 목회자들은 교회 안에 진리가 있으니 교회에 나오라고 한다. 세상 사람들은 진리를 알기 이전에 자신이 가지고 있는 문제를 해결받기 원하고 있는 것이다.

사실, 예수님께 나아온 사람들 가운데 진리를 찾기 위해 나온 사람들은 별로 없었다. 예수님께서 그들의 필요를 충족시켜 주시기 때문에 나온 것이다. 문제의 해결함을 받을 때 예수님에 대한 진리를 알기 원하는 것이다. 에베소서 4장 29절에 다른 사람들에게 유익이 되지 않는 말을 하지 말하고 말씀하고 있다. 말을 듣는 사람의 유익을 먼저 생각하고 말하라는 교훈의 말씀이다. 설교자들이 강단에서 말씀을 전할 때, 교인들이 생각하고 느끼는 말씀보다는 자기가 생각하고 느끼는 말씀을 전하는 경우가 많이 있다. 문제는 설교 준비 전부터 잘못된 질문을 하고 있기 때문이다.

대부분의 목사들은 다음 주일에 어떤 설교, 무슨 설교를 할까를 생각한다. 실은 이러한 질문 이전에, 먼저 누구에게, 어떤 사람들에게 설교할 것인가를 생각하고 설교 준비를 해야 할 것이다. 교인들은 목사가 설교에서 진리를 전하고 있는가 보다는 먼저 자신의 문제 해결에 관심을 가지고 설교를 듣는 것이다.

설교에는 진리가 있지만 반드시 설교를 듣는 사람과의 연계성이 있어야 한다. 예를 들면 자동차 사고로 피를 흘리며 죽어가는 사람이 있는데 어떤 의사가 와서, 병원이 어떤 곳이며, 청진하는 법의 역사 같은 것을 말해준다고 하면 어떻게 생각하겠는가? 의사의 말이 진리이지만 지금 피를 흘리고 죽어가는 사람의 고통을 먼저 해결해 주고 살리는 것이 우선적으로 해야 할 일이다. 그러므로 불신자들에게 성경본문 배경에 대한 설명으로 설교를 시작하였다고 하면 마지막 결론에서 삶의 적용을 위한 말씀을 전할 때에 불신자들은 이미 설교에서 마음이 떠나 있게 되는 것이다.

그러므로 불신자들에게 설교할 때에는 먼저 삶의 적용에 관한 말씀으로 관심을 집중시켜서 성경본문의 진리를 가르치도록 하는 것이 좋다.

삶과 진리를 연관시켜야 한다.

예수님의 가르침은 비교적 간단하고 실제적이다. 삶에 적용할 수 있는 합리적이고 간결한 설교를 하셨다. 예수님의 설교의 목적은 언제나 사람들의 삶을 변화시키는 것이며, 하나님의 관한 지식을 제공하는 것이 아니었다. 예를 들면, 산상수훈에서 예수님은 먼저 복 있는 자에 관해 말씀하신 다음에 분노, 관계회복, 간음과 이혼에 관한 문제에 대해 교훈하시고, 기도의 방법, 하늘에 보물을 쌓는 방법, 염려를 이겨 나가는 방법 등을 말씀하고 있다. 또 다른 사람을 판단하지 말고, 우리의 필요를 하나님께 맡기며 기도하고, 거짓 선생들을 조심하라고 교훈하고 있다. 마지막 결론에는 말씀을 듣는 것이 중요한 것이 아니라, 말씀을 행하는 것이 중요하다고 말씀하고 있다.

오늘날 바로 예수님과 같은 설교가 필요하다. 사람들의 관심을 집중시킬 뿐만 아니라, 사람들의 삶을 변화시키는 설교이다. 단순히 예수님께서 문제의 해결이라고 선포할 것이 아니라, 예수님께서 어떻게 문제의 해결이 되시는가를 가르쳐야 한다. 많은 설교가 위로와 실제적인 도움의 설교가 아니라, 사회에 대한 비판, 사람들에 대한 비평하는 설교, 또는 진단하는 설교는 하지만 상처를 치유하고 소망을 주는 설교가 되지 못하고 있다. 오늘날의 설교는 진단적인 설교에서 더 나아가서 실제적으로 적용할 수 있는 구체적인 방법을 제시하는 설교가 되어야 한다.

디 엘 무디 목사(D.L Moody)는 이런 말을 하였다. "성경은 우리의 지식을 다 쌓기 위해 주어진 것이 아니라, 우리의 삶을 변화시키기 위해 주어진 것이다." 그러므로 설교의 목표는 그리스도와 같은 인격을 갖추는 것이다. 예수님은 우리에게 생명을 주시기 위해 오신 것이지, 종교를 주기 위해 오신 것이 아니다. 기독교는 생명이며, 삶이지, 하나의 종교가 아니다. 예수님은 언제나 진리를 삶에 적용시키는 설교를 하셨다. 말씀을 마친 다음에는 "가서 그와 같이 행하라"고 말씀하셨다.

예수님께서 사용하신 방법은 불신자들을 자신에게로 인도하는 초청전도와 그의 제자들을 내어 보내어 전도하게 하는 파송전도 방법이 있다. 오늘날 교회 지도자들 중에는 교회가 사람들을 교회로 나아오라고 하는 전도는 성경적인 전도가 아니라고까지 말하는 자들이 있다. 이들의 주장은 성경은 교회로 나아오라고 말씀하지 않고, 교회가 세상으로 나가야 한다고 교훈하고 있다고 하는 것이다.

물론 성경에서 분명히 모든 그리스도인들은 세상에 나가서 복음을 전할 사명이 있다고 가르치고 있고 이것을 소위 주님의 대명령으로 이해하고 있다. 주님은 지금도 믿는 자들을 향해 세상을 향해 "나가라"고 명령하고 있다. 그러나 주님은 또한 세상을 향해서 "오라"고 말씀하셨다는 사실도 기억해야 한다.

예수님은 자신에 관심을 가지고 있는 불신자들을 향해 "와 보라"고 말씀하였다(요 1:39). 주님은 진리를 찾는 자들을 향해서 "수고하고 무거운 짐진 자들아 다 내게로 오라"(마 11:28)고 하였고, 명절 끝날에 "누구든지 목마르거든 내게로 와서 마시라"(요 7:37)고 말씀하셨다. 신약성경에서 "가서 전하라"는 말씀과 "와 보라"는 말씀을 동시에 발견할 수 있다.

누가복음 14장에서 예수님께서 하나님의 나라를 잔치와 비교하실 때 주인의 종들로 나가서 사람들을 강권하여 데려다가 집을 채우라고 말씀하고 있다. 그러므로 우리는 나가서 복음을 전하는 파송전도와 초청해서 복음을 전하는 초청전도를 구분하고 선택할 필요가 없다. 이 두 가지 방법이 모두 성경적이기 때문에 교회는 나가서 복음을 전할 뿐만 아니라, 사람들을 초청해서 복음을 전해야 하는 것이다.

새들백교회의 전도사역철학은 릭 워렌 목사의 "새들백교회 이야기"에 잘 설명되어 있다. 두 교회의 전도사역의 철학을 간단히 정리하여 소개한다.

새들백교회 구도자 예배 철학

워렌 목사는 새들백교회 초기부터 구도자에 민감한 예배를 드리기 시작하여 지금까지 불신자들이 늘 모이는 예배를 드리고 있다. 새들백교회는 구도자들에게 관심을 가지게 하는 예배를 고안하면서 다음과 같은 구도자 예배에 필요한 몇 가지 원리를 가지고 있다.

구도자 선정

교회는 먼저 어떤 대상을 향해서 복음을 전할 것인가를 생각해야 한다. 모든 사람들에게 같은 방식으로 복음을 전하는 일은 효과적이지 못하다. 그러므로 전도대상자들이 어떤 사람들인가를 잘 이해하고 구도자 예배를 고안해야 한다. 즉, 음악의 스타일, 메시지의 주제, 간증, 그리고 다른 내용이 구도자들에게 적합하도록 고안해야 한다.

릭 워렌 목사는 예배시간 58분 동안에는 불신자에 관한 특별한 관심을 표명하고 있지 않다가 예배 끝에 약 2분 동안에 불신자들을 향해서 결신을 요구하는 것은 스스로 실패하는 전도전략이라고 말하고 있다. 즉, 처음 예배시간부터 불신자들을 의식하는 순서들을 가지고 끌고 나가서 결신을 요구해야 한다는 것이다.

구도자와 교회집회

모든 사람들은 편리한 것들을 선호한다. 그러므로 불신자들이 교회에 나오는데 걸림이 되는 불편한 점들을 제거해야 한다.

다양한 예배시간을 제공하여야 한다.

예배에 참석할 수 있는 여러 기회를 제공하는 것이 좋다. 새들백교회의 경우에는 주말 예배가 토요일 6시, 그리고 주일, 오전 8시, 9시 30분, 11시 15분에 각각 있다. 이렇게 할 때, 어떤 불신자들은 설교를 듣고 집에 돌아가서 친구들에게 전화를 하고 교회에 초청해서, 같은 설교를 다른 예배시간에 듣도록 하기도 한다고 릭 워렌 목사는 말하고 있다.

주차장이 충분해야 한다.

미국의 교회에서 가장 어려움을 겪고 있는 문제가 주차장 시설이다. 한국의 교회는 미국교회보다 더 심각하다고 한다. 교회에 올 때 모두가 차를 타고 오기 때문에 주차시설이 충분하지 못하면 교인들은 물론 불신자들도 주차 시설이 넓은 교회로 옮겨 간다.

로버트 슐러 목사는 교회성장의 첫 번째 조건이 충분한 주차시설이라고 주장했다. 그래서, 한국 영락교회를 방문했을 1950년대 당시 당회원들에게 주차시설을 일찍 확보해 두는 것이 좋다는 충고를 해주었는데, 그 당시 장로들이 무슨 말인지 이해하지 못하였다고 지난 80년대초부터 슐러 목사의 조언을 듣지 않은 것을 매우 후회하고 있다는 이야기를 수정교회 세미나에서 슐러 목사가 한국목사들에게 말한 적이 있다.

교회는 주차시설의 크기만큼 교회가 성장한다고 해도 과언이 아니다. 한국교회도 이제는 미국의 교회들과 같이, 도시에서만 머무는 교회가 아니라 외곽의 충분한 주차시설을 갖춘 전원교회로 발전시켜 나가야 할 시대가 아닌가 생각한다.

교회를 쉽게 발견할 수 있도록 교회지도를 광고에 실어야 한다.

신자들이 교회를 쉽게 찾아 올 수 있도록, 광고에 자세한 안내지도가 있어야 하고, 어디에서 어떤 프로그램이 있는가 하는 교회내의 안내지도도 필요할 것이다. 처음 교회를 찾는 불신자가 교회 찾는데 어려움을 가지게 되면 좋은 인상을 가지기가 어려운 것이다. 그러므로 교회가 위치한 지역의 도로와 함께 교회를 찾는 길을 자세히 광고해야 한다.

예배순서와 분위기

예배순서와 진행이 부드럽게 그리고 의미 있게 나가지 않으면 교인들은 물론 불신자들도 예배에 대한 지루한 감을 가지게 된다. 특히 한국교회의 예배에는 많은 순서가 있고, 순서와 순서 사이에 공백의 시간이 있다. 이러한 공백의 시간이 없이 순서가 빨리 진행되도록 할 때 불신자들은 예배에 대해 의미를 더욱 새롭게 할 수 있다. 예배시간에 의미 없는 시간을 줄이도록 해야 한다. 목사의 기도도 짧아야 하고, 대표기도자의 기도도 짧을수록 좋다. 한국교회의 예배 가운데 회중기도나 대표기도가 마치 설교와 비슷한 내용으로 길게 기도하는 것이다. 이러한 기도는 세계 어느 교회에서도 찾아보기 어려운 기도들이다. 함께 드려지는 기도가 되어야 한다.

새들백교회에서는 영어로 임팩트(IMPACT)라는 첫말로 나타나는 구도자의 찬양의 내용을 표시하고 있다. 즉, 첫째로, "Inspire Movement" 라고 해서, 예배 전 찬양의 시간을 통해서 처음 교회 나온 사람들의 마음의 문을 열게 하는 시간인데, 이때 부르는 찬송은 빠른 곡조에 높은 음의 밝은 찬송들이다. 그리고 손뼉을 치고 몸을 움직이는 찬양으로 자신들이 편안한 마음을 가지게 된다.

릭 워렌 목사는 몸과 마음이 편안해지면 받아들이려는 마음의 자세를 갖게 된다고 말하고 있다. 그리고 "Praise" 즉 찬양을 하는데, 하나님께 대한 기쁜 찬양을 한다. 그리고 "Adoration," 즉, 경배의 시간으로 이 시간에는 조용하게 그리고 느리게 하나님을 묵상하고 하나님께 드리는 깊은 찬송을 부른다. 그리고 "Commitment"가 있는데, 하나님 앞에서 자신이 결신하고 헌신하는 시간이다. 그리고 "Tie it all together"라고 하는데, 설교의 내용을 정리하고 다시 한 번 기쁘게 뛰는 찬송을 부른다.

찬양이 예배시간에 주는 의미와 효과는 엄청난 것이다. 예배는 찬양으로 이루어진다. 한국교회는 지나치게 말씀을 강조하여 하나님의 음성을 듣는 일에만 관심을 기울이고 있다. 말씀에 은혜를 받지 못하는 이유 중에 하나가 예배에 참석한 교인들이 찬양을 통해서 하나님이 주시는 은혜를 받을만한 마음의 준비가 되지 않았기 때문이라고 생각한다. 예배는 찬양으로 시작하고 찬양으로 끝나야 한다. 예배시간에 더 많은 찬양이 있어야 한다. 하나님께 드리는 하나님에 대한 찬양이 있을 때 불신자들의 마음이 움직이며 결신하는 단계까지 들어갈 수 있는 것이다.

편안한 첫 인상

처음 교회의 방문자는 예배가 시작된 지 12분이 지나면 다음 주일에 다시 교회에 나올 것인가 아닌가를 마음에 결정한다고 릭 워렌 목사는 말하고 있다. 다시 말하면 방문자들에게 예배시간 처음 12분간 매우 중요한 것이다. 처음 받은 인상을 지우기란 거의 불가능한 것이다. 그러므로 방문자들에게 어떤 인상을 줄 수 있는가를 깊이 생각해야 한다.

옛말에 첫 인상을 다시 줄 수 있는 두 번째 기회는 없다는 말이 있다. 처음 방문자들이 일반적으로 모두 가지는 감정은 두려움의 감정이라고 한다. 특히 불신자들인 경우에는 심지어 공포까지 가질 수도 있다는 것이다. 우리가 어떤 회교사원 안에 처음 들어가서 어떤 예식에 참석하거나, 불교 절간에 들어가서 어떤 의식에 참석해야 한다고 상상할 때 어떤 감정을 가질 수 있을 것인가를 생각해 본다면, 불신자들이 교회 안에서 가질 수 있는 감정을 어느 정도 이해할 수 있다.

이들은 어떤 심리적인 부담과 염려를 가지고 예배에 처음 참석하기 때문에 우선 그들이 마음을 편안하게 가질 수 있도록 도와주어야 한다. 마음의 편안함을 가질 때 더욱 복음에 민감하고 예배에 의미 있게 참여할 수 있는 것이다. 이러한 처음 방문자들의 마음을 편안하게 할 수 있는 몇 가지 방법이 있다.

방문자들만을 위한 주차공간을 특별히 준비하라.

새들백교회 지역을 들어가게 되면 처음 방문하는 사람들은 차에 깜박이 신호등을 켜라고 사인이 나와 있고, 처음 방문자들만이 주차하는 주차장으로 들어가라고 사인이 크게 나와 있다. 이것은 방문자들을 먼저 교회에서 환영할 뿐만 아니라 그들에게 커다란 관심을 가져준다는 의미를 주기 때문에 차를 타고 교회 입구에 들어서면서 이미 마음에 편안함을 가지게 되는 것이다. 그리고 교회의 자원봉사자들이 구석구석, 건물 옆에서 친절하게 환영하고 안내한다. 아마도 이 세상에서 새들백교회보다 처음 방문자들에게 친절하게 안내하고 편안한 마음을 주는 교회는 없다고 생각한다. 놀라운 사실은 릭 워렌 목사와 모든 교회의 사역자들은 멀리, 그리고 주차시설이 되지 않는 곳에 주차를 하고, 언제나 방문자들과 교인들에게 좋은 자리를 준다는 것은 우리 한국교회가 배울 좋은 점이라고 생각한다.

안내원들을 교회 안팎의 여러 장소에 배치하라.

안내원들은 교회의 간판이라고 할 수 있다. 이들이 처음 하는 말과 행동이 처음 방문자들에게 커다란 인상을 주는 것이다. 릭 워렌은 비행기를 탈 때 자신이 만나는 사람은 항공권 업무원과 비행기 안에서 승무원이라고 한다. 비행기회사의 사장이 그에게는 중요하지 않다고 한다. 그 이유는 그를 만나야 할 필요도 없고, 만난 적도 없기 때문이다. 교회도 마찬가지이다. 처음에 교회에 나오는 자들을 환영하는 안내봉사자들이 교회에서 매우 중요한 사역을 하고 있는 것이다. 그래서 안내원들을 뽑고 훈련하는 일은 매우 중요하다. 교회에 나오는 대상자들에 따라서 안내원들도 선별해야 할 필요가 있다.

예를 들면, 젊은 사람들을 대상으로 전도하고 있다면, 안내원들을 젊은 사람들로 해야 하고, 십대들을 목표로 하고 있다면 십대들을 안내원으로 세워야 한다. 은퇴한 노인들을 목표로 한다면 은퇴한 노인들 중에서 안내원들을 세우는 것이 좋은 것이다. 안내하는 사람들의 연령과 방문자들이 자신의 연령과 비교하여 40년 정도의 차이가 있다고 하면, 처음 방문자가 그 교회를 선택하여 나오는 일은 거의 불가능할 것이라고 릭 워렌은 말하고 있다.

그리고 새들백교회에서는 안내원의 명찰을 사용하지 않는다. 그 이유는 방문자들이 명찰을 달고 있는 안내원들을 만날 때, 그들이 교회의 공식적인 사람들에 의해서 환영을 받는다는 인상을 받기 때문이라고 한다. 안내원들은 방문자들에게 그들이 교회의 한 교인들로 환영한다는 인상을 주어야 한다고 한다. 한국교회는 방문자들을 환영하고 안내하는 것도 지나치게 공식적인 면이 없지 않다. 따라서 처음 방문자에게 판에 박힌 인상을 주는 경우가 많이 있는 것 같다.

안내석을 준비하고 교회건물마다 안내표시가 있어야 한다.

처음 교회를 방문하는 사람들에게 필요한 정보와 안내를 제공하기 위해 안내소를 여러 군데 설치해야 하고 그곳에 일하는 봉사자들은 교회에 대한 전반적인 지식을 가진 사람이어야 한다. 그리고 교회의 건물마다 안내 표시들이 있어야 한다. 한 가지 재미있는 사실은 사람들이 교회 안에서 화장실을 많이 찾게 되는데, 처음 방문자들을 위한 화장실 안내 표시가 교회마다 별로 없다는 것이다.

예배 전에 교회 안팎으로 녹음된 찬송으로 음악을 들려주라.

음악은 사람들의 마음을 안정시킨다. 그래서 대부분의 대중 건물이나 사무실에는 음악이 있다. 특히, 비행기를 타고 처음 이륙할 때 음악을 들려준다. 이것은 마음의 편안함을 제공하기 위함이다. 교회 안에 들어섰을 때 조용함은 처음 방문자에게 두려움을 줄 수 있다.

만일 200명 정도가 모인 방에 들어섰을 때 아무도 말하지 않고 조용하다고 하면 무슨 일이 있나 하는 생각을 할 수 있지만, 만일, 200명 모두가 서로 대화를 나누고 있는 방에 들어간다고 하면, 자신을 의식하지 않아도 되는 편안한 마음을 가질 수 있다. 예배시간에 물론 조용한 시간이 있다. 그러나 구도자들을 위한 예배를 드릴 때에는 조용함으로 시작하는 것이 아니라 서로 대화를 나누며 편안한 분위기 있는 시간으로 시작해야 한다. 그러기 위해 음악을 들려주는 것이 중요한 것이다.

그런데 새들백교회에서는 놀라운 사실을 하나 발견했는데, 음악을 크게 들려줄수록 사람들이 크게 대화를 하고, 음악을 작게 들려주면 작게 이야기를 한다는 것이다. 처음 방문자가 음악이 있고 사람들이 대화하고 있는 분위기에 들어갈 때 사람들이 즐겁고 행복해하는 모습과 교회에 생동력이 있음을 알게 되는 것이다.

예배시간에 방문자들을 소개하지 말라.

처음 방문자들이 처음 예배실에 들어오면 자신들을 소개하거나 나타내 보여지는 것을 원하지 않고 조용하게 예배를 지켜보기를 원한다. 자신들이 누구인가를 사람들에게 소개되는 것을 원하지 않는다. 교회에서 환영받는 것을 원하나 자신을 교회 사람들에게 주목의 대상이 되는 것은 원하지 않는다.

미국사회에서 사람들이 가지는 첫 번째 두려움은 잘 알지 못하는 사람들이 모이는 파티에 가는 것과 그리고 두 번째 두려움은 대중 앞에서 말하는 것, 그리고 세 번째 두려움은 대중 앞에서 사생활에 대한 질문을 받는 것이라고 한다. 그런데, 교회를 처음 방문하는 경우에 사람들은 이 세 가지 두려움을 동시에 가지게 된다고 하는 것이다. 만일 방문자들에게 명찰을 부착하기를 원하면, 모든 교인들이 명찰을 부착하는 것이 좋을 것이다. 이러한 경우에는 교회가 소규모의 교회만이 전교인이 명찰을 달 수 있을 것이다.

모든 교인들로 환영카드에 기록하도록 권하라.

만일 교회가 예배에 참석한 모든 교인들로 환영카드에 기록하도록 하면, 방문자들도 함께 기록하게 된다. 이러한 환영카드를 통해서 교회는 교인들과 또는 방문자들과 계속적인 관계를 형성해 나갈 수 있다. 환영카드는 방문자들을 위한 것이기 보다는 교인들과 관계를 계속 발전시켜 나가게 하는 목회적인 중요한 도구의 역할을 하게 하는 것이다.

즉, 출석, 결신, 기도요청, 교회행사에 참여, 봉사자모집 등에 유효하게 사용할 수 있게 된다. 물론 방문자들에 관한 내용도 있기 때문에 이 카드를 통해서 그들과의 관계도 발전시킬 수 있다. 그래서, 새들백교회의 릭 워렌 목사는 이 출석카드가 금보다 더 귀하다고 말하고 있다. 워렌 목사는 교인들이 3천명이 될 때까지 교인들의 이름을 모두 기억할 수 있었다고 한다. 그리고 교인들은 말로 자신의 뜻을 전달하기 보다는 기록을 통해서 목사에게 전하고 싶은 말들을 전하기를 원한다고 릭 워렌 목사는 말하고 있다. 그리고 이 환영카드는 헌금시간에 헌금바구니에 같이 넣기 때문에 방문자들이 특별한 부담을 갖지 않는다고 한다.

공개적으로 모든 방문자들을 환영하라.

예배시간에 처음 하는 말이 예배의 분위기를 결정한다. 예배에 오신 것을 환영한다는 말과 특히 처음 방문자들은 편안한 마음으로 예배를 드리라는 말을 하는 것이 좋을 것이다. 특히, 헌금시간에는 방문자들은 헌금에 참여하지 않아도 된다는 광고를 하면 교회가 헌금을 강요한다는 잘못된 인식을 바꾸어 줄 수 있다.

예배시간 전과 후에 반드시 방문자들과 인사를 나누라.

예배 전과 후에 교인들 간에 서로 인사하는 시간이 있어야 한다. 교인들이 스스로 서로 인사하고 특히 처음 방문자들에게 인사하리라고 기대해서는 안 된다. 교인들에게 가르쳐서 예배 전에 처음 보는 사람들과 방문자들을 찾아보고, 먼저 가서 인사를 하고, 또한 예배를 마친 다음에도 아는 교인들과 인사 나누기 전에 먼저 방문자들을 찾아

인사하는 것이다. 새들백교회에는 '3분 인사' 라는 원칙이 있는데, 예배 전 3분, 예배 후 3분 동안에는 처음 보는 사람들과 인사를 나누도록 하는 것이다.

예배 후에 다과와 음료수를 제공하라.

방문자들에게 다과와 음료를 제공함으로 대화할 수 있는 기회를 가질 수 있고, 또한 사람들이 음식을 같이 나눌 때 마음의 문이 열리고, 서로 편안한 가운데서 대화를 할 수 있다. 예수님도 음식을 잡수시면서 말씀하신 적이 많이 있는데, 이것은 예수님께서 의도적으로 한 것으로 생각이 된다. 사람들이 음식을 같이 먹을 때 관계를 개선할 수 있고, 편안한 마음을 가지게 된다. 그리고 편안한 마음을 가질 때에 사람들은 변화되기가 비교적 쉬운 것이다.

교회 환경과 분위기

교회의 건물의 모양은 예배의 분위기를 결정한다. 그리고 예배실 안의 분위기가 예배의 분위기를 결정한다. 새들백교회는 언제나 부활절 축제 분위기를 조성하고 있다. 처음 방문자들이 왔을 때 교회의 밝고 살아있는 예배의 분위기에 젖을 수 있도록 하고 있다.

교회의 시설과 건물을 교인의 입장에서 보지 말고, 언제나 불신자와 처음 방문자의 입장에서 보아야 한다. 주차장, 페인트, 사인, 쓰레기통, 안내 표시판 등 모두가 잘 정리되어 있고 깨끗하게 준비되어 있는가를 보아야 한다. 교회의 시설과 건물도 메시지와 동일하게 현대인에 맞게 준비되어 있어야 한다. 교회 건물관리에 있어서 문제는 4주일 정도가 지나면 교회건물과 시설의 부족한 것들에 대해 관심을 가지지 않고 소홀하게 된다는 것이다. 교회 예배실과 시설이 처음 방문자들에게 친절하고 부드러운 인상을 줄 수 있기 위해서는 다음과 같은 것들을 고려해야 한다.

조명시설이 잘 되어 있어야 한다.

빛은 사람의 감정과 분위기에 많은 영향을 미친다. 조명이 잘 되어 있지 않으면 예배의 정신을 흐리게 할 수 있다. 설교자의 얼굴이 어두워서 잘 보이지 않는다면 그 설교에 은혜를 받을 수 없다. 대부분의 교회의 예배실이 어둡다. 초대교회는 어둡고 숨겨진 곳에서 예배를 드려왔다. 중세 이후의 교회 가운데도 빛을 창으로 가리고 어두운 가운데 드려오기도 하였다. 영적인 분위기를 더욱 고조시키기 위함이었다. 그러나 교회 예배실은 밝은 빛으로 환해야 한다. 하나님은 지금 교회들을 향해서 "빛이 있으라" 고 말씀하고 있는지 모른다.

음향시설이 잘 되어 있어야 한다.

교회는 많은 재정을 들여서라도 충분한 음향시설을 갖추어야 한다. 설교가 아무리 좋아도 음향시설이 잘 되어 있지 않으면 아무런 소용이 없다. 강단에서 전하는 말씀이 잘 전달이 되고 음악하는 사람들의 찬양이 부담 없이 잘 전달될 수 있는 음향시설을 갖추어야 처음 방문자들이나 교인들이 말씀과 찬양에 은혜를 받을 수 있는 것이다.

편안한 좌석, 충분한 예배실 공간을 제공하라.

오늘날에는 개인적인 의자에 앉기 좋아하는 경향이 있고, 편안한 의자에 앉기를 원한다. 그래서, 운동경기장에 가면 모두가 개인석으로 만들어져 있다. 미국의 대형교회들이 가지고 있는 공통적인 것이 바로 개인석을 가지고 있는 것이다. 교회도 처음 방문자들에게 개인적으로 앉을 수 있고 편안한 의자를 제공한다면 교회에 대한 거리감을 줄일 수 있다.

만일 처음 교회 나온 사람이 전혀 모르는 사람과 같이 붙어 앉게 된다면 마음의 불편함을 느끼게 될 것이다. 릭 워렌 목사는 개인석을 만드는 경우에는 서로 18인치의 간격을 두게 하고, 같이 앉는 의자인 경우에는 21인치의 간격이 떨어져야 한다고 말하고 있다. 개척교회를 하는 경우에는 사람의 숫자보다 의자를 적게 배치하고 있다가 의자가 찬 다음에 오는 사람에 따라서 의자를 더 배치하도록 하는 것이 좋다. 빈 의자들이 많이 있는 곳에서 예배드리면 예배드리는 사람들에게 실망을 주기 쉽다.

예배실의 공간은 너무 넓어도 안 좋고, 너무 좁아도 안 좋다. 이 두 가지는 교회성장에 도움이 되지 않는다. 예배실에 80%가 찼을 때에는 예배처소를 더 넓은 곳으로 옮겨야 한다. 목회자들이 교회 안의 좌석이 다 차야 더 넓은 공간으로 옮겨야 한다고 생각하는데 이것은 잘못된 생각이다. 만일 교인들이 80%가 차게 되면, 더 이상 교회는 성장하지 않는다.

풀러신학교의 피터 와그너(Peter Wagner)교수는 이러한 시설 협착증을 '사회질식증' (sociological strangulation)이라고 부르고 있다. 다시 말하면 시설이 부족한 교회는 결코 성장하지 못하는 것이다. 또한 반대로, 700명이 들어갈 수 있는 예배실에 한 200명 정도가 모여 예배드리는 빈 의자가 많은 교회에서는 교인들 간의 따뜻함이나 친밀감을 느낄 수가 없다. 교인수가 적으면 강단이 가까울수록 좋고, 교인이 많으면, 강단을 높이면서 교인들이 가까이 올 수 있도록 하는 것이 좋을 것이다.

예배실 온도를 적당히 하라.

예배실의 실내 온도는 예배의 분위기에 많은 영향을 준다. 더운 여름에 에어콘 시설이 되어 있지 않는 곳에서 예배를 드리는 습관이 되어 있는 사람들은 실내온도에 대한 관심이 많지 않을 것이다. 그러나 오늘날 가정과 직장에 냉방과 온방시설이 갖추어져 있는데, 주일날 교회 예배실은 예전과 같다고 하면 예배를 드리는데 불편함을 느낄 것이다. 예배실의 온도가 덥든지 춥든지 하면, 사람들은 예배시간이 빨리 지나가기를 원하게 된다. 또한 에어콘 시설이 설치되어 있다고 하여도 에어콘이 가동 되는 시간과 참석하는 사람들의 숫자에 따라서 시간과 온도를 조절해야 한다.

예를 들면 1000명이 들어가는 예배실에 에어콘을 가동시킨다고 하면 적어도 새벽예배가 끝날 때 켜야 할 것이다. 만일 예배시간 1시간 전에 가동한다고 하면, 예배가 끝날 때에야 예배실의 온도가 맞추어지게 될 것이다. 교인들의 숫자가 많아지면 질수록 예배실의 온도가 올라간다는 것을 참작해서 예배실 온도를 담당한 봉사자는 적절한 온도를 맞추도록 관심을 가져야 한다.

교회건물 안팎으로 화초와 식물나무들로 진열하라.

사람들은 자연 속에서 있을 때 대화가 잘 이루어진다는 말이 있다.

수정교회 슐러 목사는 하나님께서 아담과 하와를 시멘트와 콘크리트와 같은 건물 안에 두지 않으시고 동산에 두신 것은 동산에서 인간과 하나님은 가장 효과적인 대화를 가질 수 있기 때문이라고 말한다.

수정교회 안에는 여러 가지 초목으로 강단과 교회 안팎으로 많이 심고 진열하고 있다. 심지어, 나무와 식물사이에 새들을 두어서 예배시간에 교인들은 자신들이 마치 밖의 동산에 나와 있는 듯한 느낌을 갖도록 하고 있다. 이러한 동산의 자연 환경 속에서 인간이 하나님의 음성을 잘 들을 수 있다고 슐러 목사는 주장하고 있다. 자연의 아름다움을 보고 느낄 수 있을 때 인간은 마음의 안정을 찾을 수 있고 자신을 돌아 볼 수 있게 된다.

시편 23편의 말씀을 사람들이 즐겨하는 이유가 바로 푸른 초장과 잔잔한 물가를 원하는 마음이 우리에게 있기 때문이다. 특히 불신자들은 이렇게 초목으로 가꾸어 놓은 교회에 올 때에 교회에 대한 특별한 부담감과 거부감을 갖지 않고 자연동산에 나온 듯한 분위기에서 편안한 마음을 가질 수 있다.

유아실과 화장실을 깨끗이 하라.

젊은 부부들을 교회로 인도하려면 유아시설이 잘 되어 있어야 하고, 또한 잘 정리되고 깨끗한 유아실을 유지하도록 해야 한다. 어린이들을 위한 장난감도 충분히 갖추고 있어야 하고, 유아실 화장실도 항상 깨끗하도록 모든 청소도구를 준비해 두어야 한다.

한국교회가 어린이에 대한 프로그램은 많이 있지만, 교회규모에 비해서 유아시설이 부족하고 특히 장난감과 같은 것들을 준비하지 못하고 있다. 유아들만 사용하는 화장실도 없고, 있는 경우에도 깨끗지 못한 경우가 많이 있다. 교회의 화장실은 언제나 청결해야 한다. 처음 오는 교인들이 화장실을 찾게 되고, 화장실이 불결하고 냄새가 난다고 하면, 목사의 설교는 잊어버린다고 해도 화장실 사용 경험을 잊지 않게 된다. 사실 화장실을 보고 그 교회의 수준과 교회의 분위기를 알 수 있다고 해도 과언은 아닐 것이다.

건물이 교회사역에 매우 중요하다. 교회가 계속 성장하지 못하는 이유 중에 하나가 건물의 협소라든가 교실의 부족에서 올 수 있다. 미국교회의 경우 조그만 건물을 빌려서 예배를 드리다가 넓은 공간과 교실이 있는 장소로 옮겨서 사역을 한 교회가 수천명까지로 성장한 예를 많이 찾아 볼 수 있다. 새들백교회가 현재의 영구적인 장소로 이전하기 전까지 57번씩 집회장소를 이동하면 여러 종류의 건물을 대여하여 사역을 해 왔다.

고등학교를 빌려서 13년 동안 불신자들을 초청하는 구도자 예배를 드릴 때 봉사자들이 주일아침 6시에 와서 42개의 교실과 강당을 주일학교 교실과 예배실로 변경하였다가, 오후 1시에는 다시 학교의 교실과 강당으로 변경하였다. 모든 교실은 주일에 두 번씩 청소를 하였는데, 사용하기 전과 사용 후 철저하게 청소하였다고 한다. 이러한 수고와 봉사를 통해서 교회가 연속 성장할 수 있었던 것이라고 릭 워렌 목사는 말하고 있다. 교회의 시설과 건물과 분위기에 대한 관심을 가지는 목적은 디도서 2장 10절의 말씀과 같이 우리 주 하나님의 교훈을 빛나게 하려는데 있는 것이다.

호감을 주는 예배 분위기

예배시간에 일반적으로 교인들이나 방문자들이 느끼는 예배 분위기가 있다. 예배실에 들어갔을 때 느끼는 전체적인 분위기가 있는데, 불신자들에게 호감을 줄 수 있는 분위기를 만들기 위해서는 몇가지 고려할 점들이 있다.

기대감을 가지게 하라.

하나님께서 예배시간을 통해서 자신에 어떤 일을 행하시리라는 기대감을 갖도록 해야한다. 이러한 기대감은 주중에 주말예배를 위한 기도, 불신자들의 초청, 삶을 변화시킨 교회의 역사, 참석한 교인들의 숫자, 축제적인 찬양, 그리고 예배를 인도하는 지도자들의 믿음으로 이루어지는 것이다. 예배시작 기도에는 반드시 하나님께서 예배시간에 역사하시고 모든 참석한 사람들이 문제의 해결함을 받으리라는 확신이 표명되어야 한다. 기대라는 것은 믿음의 다른 한 표현이기도 하다. 주님은 네 믿음대로 되리라고 말씀하셨다(마 9:29).

축제적인 예배분위기를 조성하라.

시편 100편 2절에 보면, "기쁨으로 여호와를 섬기며 노래하면서 그 앞에 나아갈지어다."라고 말씀하고 있다. 하나님은 우리의 예배가 축제가 되기를 원하신다. 그러므로 우리는 예배가 기쁨으로 충만하고 찬양이 있는 예배가 되도록 노력해야 한다.

한국의 많은 교회들의 예배가 축제적인 예배이기 보다는 장례예식적인 예배를 드리고 있는 것 같다. 이것은 예배를 인도하는 사람의 태도에 많이 달려 있다. 예배 인도자의 얼굴에 웃음이 전혀 없고 근엄하고 엄숙하게만 예배를 인도한다고 하면 성경의 말씀대로 기쁨이 충만한 예배를 드리기 어려울 것이다.

예배는 의무이기 보다는 자원해서 드리는 우리에게 기쁨이 되는 것이다. 하나님의 임재를 기뻐한다. 다윗은 시편 42편 4절에서, "내가 전에 성일을 지키는 무리와 동행하여 기쁨과 찬송의 소리를 발하며 저희를 하나님의 집으로 인도하였더니…"라고 말하고 있다.

서로 위로하라.

히브리서 10장 25절에 보면, "모이기를 폐하는 어떤 사람들의 습관과 같이 하지 말고 오직 권하여 그날이 가까움을 볼수록 더욱 그리하자"라고 말씀하고 있다. 세상의 소식은 모두가 복음이 되지 못하고 있다. 사람들은 복음의 소식을 듣기 원하고 있다. 그러므로 예배시간은 위로와 소망이 되어야 하며 좌절과 실망을 주는 시간이 되어서는 안 된다. 설교의 내용도 비판적이고 부정적인 설교보다는 긍정적이고 적극적인 설교를 해야 한다. 사람들은 비판보다는 긍정적으로 대해 줄 때의 행동이 변하고 삶이 변화된다고 말하고 있다. 예수님께서는 언제나 사람들을 긍정적으로 대해 주시면서 소망을 주셔서 놀라운 사람들로 변화시키신 것이다.

가족적인 분위기를 만들라.

교회를 가족식구와 같은 분위기로 만들어야 한다. 이것은 예배를 시작하면서 인사를 통해서, 예배가 끝나면서 인사를 통해서, 목사와 교인들 간의 대화와 강단에 있는 예배 인도자들의 태도들을 통해서 교회에 예배드리는 모든 사람들이 한 교회식구인 것을 느끼도록 해야 한다.

오늘날 사람들이 비인격적이 되어가고 있고 어디에 소속하기를 원하고 있기 때문에 교회가 진정 그들이 속할 수 있는 하나님의 교회의 가족이라는 분위기가 조성되어야 한다. 베드로 전서 3장 8절에 보면, "너희가 다 마음을 같이하여 체휼하며 형제를 사랑하며 불쌍히 여기며 겸손하며…" 라고 교훈하고 있다.

새 힘을 얻게 하라.

교인들은 한주일 동안 가정과 직장과 사회생활 속에서 영적으로 감정적으로 매우 피곤하고 지친 가운데 주말예배에 참석하게 된다. 이들은 예배를 통해서 다시 그리스도의 능력으로 회복되고 새 힘을 얻기를 원한다. 예수님은 모든 자들에게 쉼을 주시겠다고 초청하고 있다(마 11:28-29). 교회는 마치 사막의 오아시스와 같은 곳이라고 말할 수 있다. 영적으로 고갈되어 있는 자들이 와서 생명수를 마시고 안식하여 다시 삶의 여정을 걸어가도록 하는 곳이라고 말할 수 있다(잠 17:22).

자유로운 분위기를 조성하라.

사람들은 공식적이고 격식을 차리는 것을 비교적 싫어하는 편이다. 교회의 예배의 분위기도 자유로운 분위기 속에서 편안하게 그리고 은혜스러운 것이 되도록 해야 한다. 불신자들이 교회를 참석하는 경우에 모든 예배의 분위기가 딱딱하고 의식적이라고 하면 그들로 교회에 관심을 가지게 하는데 커다란 거침이 될 것이다. 사람들이 교회 안에서 자유로운 분위기 속에서 서로 대화를 나누고, 같이 찬양하고 말씀을 들을 때, 말씀의 은혜를 받게 되고, 삶의 변화를 가져오게 되는 것이다. 예배가 의식적이 아니면, 경건성이 없다고 생각하는 사람들이 많이 있다. 그러나 자유함 가운데서 진실하고 의미 있는 예배를 드릴 수 있는 것이다.

릭 워렌 목사의 경우는 자신의 이름에 박사나 목사라는 명칭을 사용하지 않는다. 자신뿐만 아니라, 교회의 모든 사역자들이 양복을 입지 않는다. 물론, 이것은 남가주의 기후와 사회적인 문화분위기 때문이기는 하지만, 릭 워렌 목사는 교인들과 거리감을 없애고 자유로운 예배분위기를 조성하기 위해서 양복을 입지 않는다고 말하고 있다. 현재 미국사회에서 양복을 많이 입지 않고 있는 것으로 나타나 있는데, 한 잡지에 의하면 미국남자의 25%만 양복을 입는다고 한다. 교회에서 어떤 복장을 착용해야 하는가는 신학적인 문제가 아니라, 문화적인 문제일 것이다.

주보에 간략한 예배순서를 기록하라.

불신자들이 처음 교회를 방문할 때 불안한 마음을 가지는 이유는 자신들이 예배시간에 어떻게 해야 하는가를 잘 모르기 때문이다. 그러므로 교회에서는 예배순서를 간략하게 기록해서 대략 예배시간이 어떻게 진행되는가를 알도록 해주는 것이 좋다. 예배순서 가운데 사용되는 용어들을 의식적인 용어에서 쉽게 이해할 수 있는 평범한 용어로 바꾸는 것이 불신자들에게 도움이 많이 될 것이다. 방문자들에게 주는 교회안내서를 통해서 예배순서의 내용에는 어떤 의미들이 있는가를 설명해 주는 것이 좋을 것이다.

예배시간에 교회광고를 적게 하라.

교회가 커질수록 교회광고는 많아지게 되는 법이다. 만일에 광고에 대한 어떤 규정이 없다고 하면, 예배시간에 상당한 시간을 광고시간으로 사용하게 된다. 그러므로 구도자들을 위한 예배이기 때문에 일반적인 광고를 피하고, 교인들로 주보를 자세히 보도록 훈련을 시키고, 모든 교인들에게 해당되는 사항만 간략히 광고하고, 봉사자들을 모집하는 것과 같은 어떤 요청하는 광고나 교회 사업에 연관되는 광고는 예배시간에 언급하지 않는 것이 좋을 것이다.

예배를 계속 평가하고 발전시켜 나가라.

매주일의 예배시간을 평가하며 더욱 효과적인 예배를 드릴 수 있도록 힘써야 한다. 그러므로 예배 순서의 진행, 예배에서 있었던 모든 일들을 자세히 분석하여 다음 예배에는 더욱 잘 준비된 예배를 드려야 한다.

새들백교회는 예배를 평가하는 세 가지 도구가 있는데, 받은 인상을 기록하는 카드와 환영카드와 예배평가카드가 있다. 첫 번째 인상카드에는 교회를 처음 방문한 사람들이 그들의 입장에서 보고 느낀대로 기록을 한 카드이고, 환영카드는 일반교인들이 기록하는 카드이고, 그리고 예배평가카드는 교회의 사역자들이 기록하는 카드이다.

이 세 가지의 카드에는 주차장에서부터, 주보, 예배 후 다과와 음료, 교회음악, 예배시간 찬양, 안내, 설교 등 교회사역의 전반적인 내용들을 나타나고 있다.

사도 바울은 고린도전서 14장 40절에서, "모든 것을 적당하게 하고 질서대로 하라"고 권면하고 있다. 이 말씀 가운데에는 우리의 예배가 하나님께 합당하게 드려지기 위해서는 예배에 관한 계획과 평가가 있어야 함을 암시하고 있는 것이다. 하나님께 대한 예배는 물론, 예배가 불신자들에게 전도가 되는 전도적인 예배가 되어야 할 것이다.

누구를 위해 일하는가를 기억하게 하라.

불신자들을 위한 주말예배를 드리는 데는 많은 준비와 수고가 따른다. 이 모든 일은 주님을 위한 것이다(고후 4:5). 때로는 이러한 구도자들을 위한 예배를 준비하면서 실망하고 좌절에 빠지는 경우도 생기게 된다. 새들백교회가 고등학교 강당을 빌려서 예배를 드리고 있을 당시에 릭 워렌 목사는 언제나 자신이 솔선수범해서 유아실, 교실 등을 정리하고 준비하였다. 한번은 예배준비를 하는데, 같이 준비해야 할 사역자들과 봉사자들 절반이 보이지 않았다.

그가 유아실 장비들을 트렐라에서 교실까지 옮기면서 마음에 실망감과 처량한 생각이 들었다. 이러한 일을 왜 내가 해야 하는가? 다른 사역자들은 보이지도 않는데? 그들은 이 일을 하지 않고 자기 사무실로 들어가고 마는데…그리고 대부분의 목사들이 이러한 일을 하지 않는데…이러한 일을 나는 수년 동안 하고 있지 않는가? 이렇게 자신을 불쌍하고 처량한 목사로 생각하고 있는데 성령께서 그의 어깨를

두드리시면서 이러한 음성을 들려주셨다고 한다. "릭, 누구를 위해 이 일을 하고 있지?" 이때 릭 워렌 목사는 나르던 짐을 주차장 가운데 두고 자기 자신이 주님을 위해 하고 있다는 사실을 다시 한 번 기억하면서 울기 시작하였다고 한다. 주님께서도 자신을 위한 일과 주님을 위한 자신의 일은 비교할 수가 없었다(골 3:23-24).

구도자와 교회음악

예배시간의 찬송은 설교가 할 수 없는 일을 한다. 예배의 찬송은 지성의 장벽을 통과하여 말씀을 마음에 전달하게 한다. 교회음악은 전도에 중요한 도구가 될 수 있다. 아리스토텔레스는 "음악은 인격을 형성하는 힘이 있다" 고 하였다. 사탄이 오늘날 음악을 통해서 역사하고 있음이 분명하다. 1960년대와 1970년대의 락음악이 오늘의 중년이 된 미국인들의 가치관을 형성하는 데 많은 영향을 주었다. 오늘날의 소위 엠티브이(MTV)는 십대와 청소년들의 가치관을 형성하고 있다. 음악은 젊은 세대에 가치관을 전달하는 우선적인 도구가 되고 있다. 만일 우리가 신령한 노래들로 신성한 가치관을 바로 전달하지 않는다고 하면 모든 세대는 사탄의 유혹에 빠지게 될 것이다. 이와같이 음악에는 엄청난 힘이 있는 것이다.

릭 워렌은 처음 교회를 개척하면서 교회음악 사역에서 실수한 두 가지 사실을 고백하고 있다. 첫째, 예배시간에 음악의 중요성을 과소평가한 것이고, 둘째, 누구에게나 다 맞는 음악을 택하려고 하였다.

음악은 또한 문화와 지역과 나이와 가정에 따라 달라질 수 있다. 교회마다 음악이 다른 것은 매우 자연스러운 것이다. 그러나 불신자들에게 복음을 전하기 위해서 주말예배에 음악이 있다면, 그 음악은 반드시 불신자들이 모두 이해하고 비교적 좋아하는 스타일의 음악이어야 할 것이다. 교회음악을 선택하는 것은 교회에서 어떤 부류의 사람들에게 전도할 것인가를 결정하는 매우 중요한 결정이다.

교회음악을 결정할 때에는 하나님께서 교회를 통해서 전도하기를 원하는 사람들이 누구인가를 먼저 알아보아야 한다. 교회의 음악에 따라서 교회의 방향이 결정될 수 있고, 교회에 남아있는 사람과 떠나는 사람들이 나누어지게 된다. 구도자들을 위한 교회음악을 선택하는 데는 몇 가지 고려할 점들이 있다.

- 교회음악을 들어보아야 한다. 음악이 교리적으로 문제가 없는가? 불신자들이 이해할 수 있는 음악인가? 불신자들이 이해할 수 없는 은유적인 용어를 사용하고 있지 않은가? 그리고 노래의 목적과 그 대상이 누구이며, 자신들에게는 어떤 느낌을 주는가를 확인해 보아야 한다.
- 빠른 속도의 노래를 부르는 것이 불신자들에게 좋다.
- 어두운 단조의 음을 가진 노래를 부르는 것보다는 장조의 밝은 노래가 더 좋다.
- 구도자를 위한 예배에서는 회중이 노래하는 것보다는 연주하는 음악을 더 많이 사용하는 것이 좋다.
- 오르간보다는 전자 음악기를 사용하는 것이 좋다.
- 전문성 있는 음악보다는 불신자들의 마음에 감동을 줄 수 있는 음악이 좋다.
- 교인들로 찬양의 가사를 작사하도록 권유하는 것이 좋다.

구도자와 메시지

불신자들이 교회예배에 참석해서 가장 지루하게 생각하는 것이 목사의 설교라고 한다. 목사의 설교의 내용과 불신자의 삶과 연관성이 없고 적합성이 부족하다는 것이다. 그러므로 목사는 불신자를 대상으로 설교를 할 때에 몇 가지 고려할 점들이 있다.

청중에게 맞는 설교체를 택하라.

교인들에게 하는 설교체와 불신자들에게 하는 설교체는 달라야 한다. 교인들에게 설교할 때에는 성경말씀을 구절구절 읽어가면서 강해설교를 할 수 있고, 성경전체의 말씀을 가지고 설교할 수 있다. 릭 워렌 목사는 교인들에게 로마서 강해설교를 하는데, 2년 반이 걸렸다고 한다.

그러나 불신자들에게 이러한 방식으로 설교를 할 수 없다. 불신자들에게는 바울이 아덴의 아레오바고에서 이방인들에게 설교한 것과 같이 그들과의 공동관심에서부터 시작해야 하는 것이다. 신자들과 목사의 공동관심은 성경이 될 수 있지만, 불신자들에게는 인간으로서의 당하는 여러 가지 상처와 아픔과 같은 것이다. 그러므로 불신자들에게는 성경본문에서 시작하는 것이 아니라, 그들의 삶의 현장에서의 문제점에서 시작해서 성경말씀의 진리에서 해답을 얻도록 하고 성경에 관심을 가지도록 해야 한다.

성경본문으로 시작해서 사람들의 필요에 적용하는 것과, 사람들의 필요에서 시작해서 본문으로 나아가는 것은 불신자들에게는 큰 차이가 있다. 그러므로 불신자들은 자신들의 삶과 연관된 내용들이 들어 있는 설교를 듣기 원한다. 먼저 구도자들이 필요하다고 생각되는 내용으로부터 설교를 시작하는 것이 좋을 것이다.

구도자들로 성경을 읽도록 만들라.

불신자들은 성경을 읽어 보지 않았기 때문에 성경에 책명과 이름 등에 대해 이상하게 생각하게 된다. 때로는 어떤 사람들은 성경을 들고 있거나 성경을 읽는 것에 대해 미신적인 생각을 가지고 거부감을 가지기도 한다. 불신자들로 성경에 대한 거부감과 불안감을 제거하는 방법이 몇 가지가 있다. 첫째, 성경을 새번역으로 읽도록 해 주는 것이다. 둘째, 교회의자에 준비된 성경을 사용하도록 하는 것이다. 예배시간에 성경을 읽을 때에는 반드시 페이지를 알려주어 빨리 찾아볼 수 있도록 해 주고, 찾지 못하는 부끄러움을 갖지 않도록 해야 한다. 셋째, 성경본문을 찾을 때 불신자들을 의식하고 선택해야 한다. 모든 성경이 하나님의 감동으로 된 것이지만, 모두가 불신자들에게 적용할 수 있는 말씀은 아니다(시 58). 어떤 본문은 기존 신자들 보다는 불신자들에게 적용하기에 더 좋은 말씀도 있다.

성경본문을 주보 안의 설교노트에 기록하라.

설교본문은 설교 노트에 기록하는데 여러 가지 유익이 있다. 즉, 불신자들은 성경을 가지고 오지 않는다. 성경을 찾는데 어려움이 없다. 성경을 찾는데 시간을 소비하지 않는다. 성경 찾는데 한 번 설교에 약 7분 정도 걸리는 유명한 설교자가 있었다고 릭 워렌 목사는 말하고 있다. 그리고 성경본문을 함께 통성으로 읽을 수 있다. 다른 성경번역과 대조해 볼 수 있다.

성경본문에 줄을 치고 노트에 기록할 수 있다. 설교내용을 기억하는데 도움을 준다. 일반적으로 설교를 듣고 73시간이 지나면 약 90-95%를 망각한다고 한다. 성경본문을 집 안에 붙여 두고 다시 볼 수 있다. 성경본문을 가지고 소그룹에서 서로 토의할 수 있다. 다른 사람들에게 설교내용을 소개할 수 있다.

구도자에게 호감이 가는 제목을 찾으라.

신문에 실리는 교회의 주일아침 설교제목은 불신자들에게 관심이 될 수 있다. 그러나 일반적으로 설교제목들이 불신자들에게 호감을 주지 못한다. 세상의 신문과 잡지의 제목들은 상당한 관심을 끌고 있지만 설교제목은 그렇지 못하다. 때로는 세상 사람들이 우리보다 더 지혜 있는 듯하다(눅 16:8; 마 10:16). 불신자들을 대상으로 설교한다면 설교제목에 많은 관심을 가지고 우선 불신자들로 와서 설교를 듣도록 해야 한다.

설교를 시리즈로 하라.

한 주제를 가지고 연속적으로 설교하면 교인들의 관심을 살 수 있고, 성경의 내용을 더욱 강조할 수 있고, 다른 사람들로 설교를 들을 수 있도록 소개하는 데 도움이 많이 될 것이다. 특별히 부활절같이 불신자들이 많이 참여하는 예배시에 4주 또는 8주간의 시리즈의 설교제목을 소개한다고 하면 설교의 내용에 관심을 가지고 불신자들이 그 다음 주에도 참석하게 될 것이다.

구도자를 위한 예배의 강사를 선택할 때 조심하라.

가능하면 교회에서 사역하고 있는 교역자들만 강단을 맡는 것이 좋다. 본교회의 교역자들은 교회의 사역철학을 잘 이해하고 있고, 교인을 또한 잘 알고, 교인들을 사랑하고, 그리고 여러 교역자들과 같은 목회철학을 가지고 있기 때문이다. 강단에 강사를 잘못 세우는 경우에는 몇 달 동안 양육해 온 교인들을 쉽게 허물어 버리는 경우가 생길 수도 있다.

새들백교회는 강단사역을 매우 중요시 한다. 한 번은 릭 워렌 목사가 휴가 중에 미국의 유명한 목사님을 1부 예배 설교를 맡아 하게 되었는데, 그의 설교 내용이 하나님은 모든 그리스도인들이 다 부유해지기를 원하신다는 것이었다. 1부 예배 후에 그 목사에게 다음의 2, 3부 예배에 설교를 할 수 없다고 하고, 부목이 전에 했던 설교를 가지고 설교하였다는 이야기를 릭 워렌 목사가 하고 있다. 교인들로부터 잘못된 설교를 듣지 못하도록 보호해야 한다고 강조하고 있다.

구도자와 결신초청

구도자를 위한 예배 후에는 반드시 주님께 헌신하도록 초청해야 한다. 그들이 초청에 응답을 하지 않아도 언제나 기회를 제공해야 한다. 많은 목사들이 마치 어부가 낚시를 던지고 그물을 던지고만 있지 전혀 줄과 그물을 당기지 않는 것과 같이 결신초청을 하지 않는 경우가 많이 있는 것 같다.

릭 워렌 목사는 본래 침례교 목사이기 때문에 언제나 예배 후에는 결신초청하는 것에 대해 잘 알고 있었다. 처음 교회를 개척하여 결신자들을 강단 앞으로 초청하는 문제에 부딛치게 되었다. 첫째는, 고등학교 강단에서 예배드리기 때문에 강단의 의자가 연결되어 있어서 가운데 중앙으로 나오는 길이 없었다. 둘째는 결신자들이 앞으로 나온다고 하여도, 강단과 그들 사이에 관현악단이 연주하는 움푹 들어간 밑자리가 있었다고 한다. 그래서 자신들이 결신하였다는 사실을 강단까지 나오게 하지 않고 어떻게 알 수 있을까 하는 문제를 가지고 연구하였다. 몇주가 지난 다음에 시험적으로 결신자들을 상담실로 들어가게 하였다. 그러나 사람들이 예배실을 나와서는 상담실로 가지 않고 집으로 곧 가는 것을 알게 되었다.

릭 워렌 목사는 만일 결신자들을 위해서 방을 따를 준비할 때에는 '상담실' 이라는 말을 사용하지 않는 것이 좋다고 한다. 그 이유는 결신자들에게는 이 말이 마치 정신병 환자실과 같이 들릴 수 있기 때문이라고 하였다. 오히려, '방문자 센타' 또는, '안내센타' 라는 말이 더 좋을 것이라고 말하고 있다.

결국 새들백에서 고안해 낸 방법은 결신자로 환영카드 윗면에 있는 결신카드에다가 주님을 영접하였다는 사실을 기록하도록 한다. 현재의 건물로 이사온 다음에도 이러한 방법이 좋기 때문에, 강단 앞으로 초청하는 결신의 시간을 가지면서 이 결신카드를 기록하도록 하고 있다. 그리고 이러한 결신자들은 교육을 받고 세례를 받게 된다. 구도자들을 위한 예배에서 어떻게 결신하도록 하는 것이 좋은가에 대해 릭 워렌 목사는 여섯 가지를 제안하고 있다.

· 어떻게 그리스도에게 응답해야 하는가를 분명하게 설명하라.

구원초청에 대해 설명하여야 한다.

- 결신의 시간을 계획하라.
- 결신을 하고 창조적으로 하라. 매주일 같은 내용으로 초청하지 않는 것이다.
- 불신자들로 모본기도를 따라하도록 하라.
- 절대로 불신자에게 주님을 영접하도록 강요하지 말라. 하루 아침에 자신의 중대한 결정을 한다는 것을 결코 쉬운 일이 아니다.
- 결신한 사실을 여러 가지로 알리도록 하라.

강단 앞으로 초청하는 결신의 방법만이 결신의 방법이 아니다. 사실은 이러한 강단 앞으로 초청하는 방법은 1817년 아사하엘 네들톤(Asahael Nettleton)이 처음 사용했고, 그후 찰스 피니(Charles Finney)가 많이 사용해서 알려진 것이다. 신약에 강단초청 결신이 나타나 있지 않다.

주후 300년 되기 전에는 교회 건물이 없었다. 새들백교회에서 또 한가지 개발한 결신의 방법은 영성조사(spiritual survey)라는 것을 통해서였다. 즉, 예배 후에 이러한 영적조사를 하면서, 주님을 이미 영접한 경험이 있는 사람은 A, 오늘 주님을 믿기로 결신한 사람은 B, 주님을 믿기로 결신할까 아직 생각중인 사람은 C, 그리고 주님을 믿기로 결신하지 않겠다고 하는 사람은 D라고 표기하도록 한다. 새들백교회의 어느 주일에는 약 400명이 B라고 하였고, 약 800명이 C라고 기록을 하였고, 약 7명이 D을 기록하였다고 한다.

사람들이 응답할 것을 기대하라.

사람들이 복음을 듣고 주님께 돌아올 것을 기대하고 구원받을 것을 확신해야 한다. 한 신학생이 스펄젼 목사에게 찾아와서 불평을 하였다고 한다. "나는 이해를 하지 못합니다. 내가 설교할 때마다 결신자가 하나도 나오지 않습니다. 그러나 당신이 설교하면 사람들이 그리스도에게로 나옵니다!" 이때 스펄젼 목사는 "당신은 설교할 때마다 사람들이 그리스도에게로 나오기를 기대합니까?" 라고 신학생에게 물었을 때, "물론 아닙니다."라고 대답하였다. 이때 "그것이 문제입니다."라고 스펄젼 목사가 대답하였다고 한다. 그러므로 설교자는 언제나 결신자가 있을 것을 기대하고 설교해야 한다.

설교의 최우선

한국 교회갱신을 위한 목회자 협의회에서 한국의 예장 합동 소속의 목사(106명)와 장로(63명), 평신도(1680명) 등 1천 8백 49명을 대상으로 설문 조사한 결과, 장로교단에서 목사의 역할 중 가장 우선순위는 무엇인가라는 질문에서 67%가 설교, 12%가 기도라고 응답하였다고 한다.

기존 신자들에게도 설교가 가장 우선적일 뿐만 아니라, 불신자들에게 설교는 최우선이 된다. 불신자들에게 가장 중요한 것은 설교이다. 불신자들에게 어떤 방식으로 설교할 것인가에 대해서는 여러 가지 방법이 있을 것이다. 그러나 개인의 삶을 변화시키는 것은 성령의 기름부음이 있는 설교인 것이다. 그러므로 구도자들을 위한 예배를 준비할 때에 설교에 우선적인 중점을 두고 준비해야 할 것이다. 한국의 대부분의 교회들은 불신자들을 위한 전도적인 예배가 없다. 또한 불신자들에게 호감을 줄 수 있는 구도자예배가 없기 때문에 불신자들을 일반교회 예배에 인도하는데 어려움이 있다.

일반적으로 불신자들이 교회의 일반적인 예배에 참석하기 어려운 이유는 첫째로, 설교의 대상을 예측할 수 없다는 것과 둘째로, 예배가 불신자들을 위한 것이 아니기 때문에 설교의 내용을 이해할 수 없다는 점, 셋째는, 예배의 내용을 이해하지 못한다는 점이다. 사실 복음의 내용을 전혀 모르고 교회에 참석해 보지 않은 불신자들을 교회예배로 인도한다는 것은 얼마나 어려운 일인지 모른다. 불신자를 전도하기 위해서는 교인들의 개인전도에서부터 시작하여, 교회가 구도자들을 위한 전도중심의 예배를 제공하여 기존 신자들이 그의 불신자 친구들을 교회의 구도자가 예배로 인도할 수 있어야 한다.

한국교회는 아직 불신자 전도를 개인전도 차원에서 이루어지고 있는 것 같은데, 이제는 전도사역을 전체 교회적인 구도자 예배 중심으로 해나가야 할 것이다. 한국교회의 총동원전도주일은 구도자를 위한 전도프로그램이지만, 실제적으로 기존신자들이 교회를 서로 교환 방문하는 프로그램으로 전락하고 마는듯한 느낌이 있다.

모든 교회가 교회성장을 원하고 있다. 교회성장을 양적인 측면에서 본다면 교인의 수가 증가하는 것이 교회성장의 일면일 것이다. 교인의 수가 증가하는 교회성장을 원한다고 하면, 우선적으로 교회는 불신자, 구도자, 또는 교회를 찾는 방문자들이 많이 찾아올 수 있는 교회가 되어야 한다.

교회를 많은 방문자가 찾아올수록 교회에 등록되는 신자도 많아질 수 있다. 교회 방문 없이 교회를 등록하는 법은 없다. 방문자가 없는 교회가 성장하는 법은 없기 때문이다. 그러므로 방문자들이 적으면 적을수록 교인수는 점차 적어지고, 방문자가 많으면 많을수록 교인수는 점차 많아질 수 있는 것이다. 가장 확실한 질과 양의 성장을 추구하는 교회는 먼저 불신자들과 구도자 중심의 사역을 통해서 그들이 교회에 나올 수 있는 방안을 의도적으로 강구해야 한다.

즉, 구도자에 민감한 예배를 제공하여 구도자들이 예배에 참석하고 관심을 계속 가지고 예배에 참석할 뿐만 아니라, 다른 불신자 친구들을 교회로 초청해 올 수 있도록 해야 한다. 교회는 먼저 구도자의 필요가 무엇인가를 알고 구도자들을 위한 예배를 제공하며 전도사역 중심으로 성장해 나가야 한다.

목회자들은 교인들로 불신자를 전도하고 교회로 인도하라고 설교하고, 초청 프로그램을 가지고 여러 가지 교회행사를 하여도 결과는 마찬가지라고 하는 것이다. 놀라운 사실은 한국교회와 미국의 이민교회에 불신자들을 초청하고 전도주일에 특별히 전도적인 예배를 통해서 많은 결신자들을 얻는다고 하여도, 몇 달이 지나지 않아서 그 결신자들이 교회를 나오지 않는다는 것이다. 특히 단번의 전도적인 행사를 치루는 것에 목적을 두는 듯한 느낌 때문에 총동원전도주일의 의미는 별로 없다고 하는 이야기를 많이 듣는다. 불신자를 초청하는 것이 아니라, 이미 교회에 출석하고 있는 교인들을 초청하여 마치 교인 교환예배와 같은 느낌을 주는 듯한 총동원 전도주일을 지키는 교회들도 있다.

릭 워렌 목사의 설교(99년 새들백컨퍼런스)

평강으로 나아가는 길

본문: 요 14:23-27

할렐루야!

오늘 밤에 여러분과 함께 예배드리게 된 것을 큰 특권과 영광으로 생각합니다. 미국에 살고 있는 사랑하는 형제, 자매들로부터 여러분들에게 따뜻한 그리스도인의 문안 인사를 전해 드립니다. 예수 그리스도 안에는 동과 서가 없습니다.

이제 이 시간 여러분들에게 말씀을 전하겠습니다만 여러분에게 위로의 말씀을 오늘 밤에 드리기를 원합니다. 이제 오늘 본문의 말씀인 요한복음 14장 말씀을 우리가 다 같이 함께 봉독해 보았습니다. 예수님께서 말씀하시기를 너희들에게 이 평안의 선물을 준다고 말씀합니다.

내가 주는 평안은 세상이 주는 평안과 같지 않다고 말씀하고 있습니다. 그러므로 염려하지 말라, 두려워하지 말라 라고 말씀합니다. 모든 전 세계 사람들은 평안과 평강을 원하고 있습니다. 어떤 사람들은 물건을 많이 소유하고, 어떤 소유를 통해서 평강을 원합니다.

'아, 내가 부자가 되고 돈이 많으면 참 많이 평강을 얻을 수 있겠다.' 그러나 그것이 사실이 아닌 것을 여러분들이 잘 알고 있습니다. '어떤 사람은 권력을 좀 가지면 마음에 평강이 있겠지' 라고 생각을 합니다. '내가 더 유명인사가 되고 인기를 얻고 높은 지위를 얻으면 마음에 평강을 얻겠지' 라고 이렇게 생각을 합니다. 그러나 그것이 마음의 평강을 가져다주지 못하는 것입니다.

또 어떤 사람은 말하기를 '내 삶의 여러 가지 문제가 있는데, 그러한 모든 문제들을 다 해결 받으면 마음의 평강을 받겠지' 이렇게 생각합니다.

여러분들도 다 문제를 가지고 있지 않습니까? 예수님께서 말씀하시기를 마음의 평안이라고 하는 것은 하나님이 주시는 선물이라고 말씀하고 있습니다.

이제 이 평안의 선물은 일해서 얻는 것이 아니고 여러분이 돈을 주고 사는 것이 아니라 그대로 하나님이 주실 때 선물로 받으면 되는 것입니다. 그러면 예수님이 주시는 평안의 선물을 어떻게 하면 우리가 받을 수 있겠습니까? 우리가 이와 같이 평강으로 나아가는 길은 세 가지 과정이 있다고 생각합니다.

먼저 첫째로 우리는 모든 처지에서 수용하는 자세를 가져야 하고, 두 번째는 우리가 주님을 의지하고, 마지막에는 우리의 삶을 맡겨 드리는 항복의 이러한 자세가 있을 때 우리는 하나님이 주시는 평강을 누릴 수 있습니다.

여러분 먼저 생각할 것은 여러분이 처해 있는 환경 속에서 여러분이 바꿀 수 없는 것들을 수용하시기 바랍니다. 여러분 삶 속에는 하나님의 뜻이 있기 때문에 여러분에게 어려운 고통을 줄 수 있다는 사실을 믿으시기 바랍니다. 그 다음에 하나님께서 여러분을 돌보시고 사랑으로 함께 한다는 사실을 믿으시기 바랍니다.

그 다음에 하나님께서 모든 것을 통치하시고 지배한다는 이 사실 속에서 그저 하나님께 모든 것을 맡기고 살아가시기를 바랍니다. 만일 여러분이 이렇게 하신다면 하나님이 주시는 참된 평강을 여러분이 누릴 수가 있는 것입니다. 먼저 여러분이 기억할 것은 여러분의 삶 속에서 변화할 수 없는 변명할 수 없는 바꿀 수 없는 이 사실을 여러분 그대로 받아들이고 수용하시기 바랍니다. 삶을 살다보면 여러분이 어찌할 수 없는 상황과 처지 속에 빠질 때가 많이 있습니다. 여러분이 어디서 언제 태어날까 선택할 수 없었습니다. 여러분이 가진 재능이나 장애적인 신체조건을 가진 것 여러분이 원해서 된 것이 아닙니다. 또한 여러분이 부모를 선택한 것도 아닙니다.

이것은 다 하나님이 여러분에게 주신 것입니다. 또한 삶속에서 생겨난 문제를 여러분이 어떻게 할 수가 없는 경우가 많습니다. 이제 여러분들 삶 속에 여러 사람을 만나게 되는데 그들을 변화할 수가 없고 여러분이 변해야 한다는 사실을 깨닫게 됩니다.

여러분이 어찌할 수 없는 처지와 환경 속에 우리는 빠져들며 살아갈 때가 많습니다. 이러한 어려운 환경에 있을 때 우리는 어떻게 하나님이 주시는 평강을 누릴 수가 있겠습니까? 여러분이 이 문제를 가지고 염려한다고 마음속에 평강이 찾아오는 것은 아닙니다.

어떤 문제에 대해서 분개심을 가지고 마음의 불만을 가질 때 마음에 평안이 찾아오는 것은 아닙니다. 또한 여러분의 마음속에 죄책감을 가질 때 그것이 여러분 마음속에 평안을 가져다주지 못합니다. 여러분 자신의 연민이나 자기 동정에 빠진다고 여러분 마음에 평강이 찾아오는 것이 아닙니다. 오직 평강을 가지는 길은 한 가지 밖에 없습니다. 여러분 삶 속에 하나님의 뜻을 수용하시고 받아들이기를 바랍니다.

여러분이 잘 아시는 성경에서 이러한 좋은 예는 욥의 삶을 통해서 배울 수 있습니다. 욥은 참 하나님의 사람이요 참으로 부유한 자였습니다. 그러나 하룻밤 사이에 그가 가지고 있는 소유물을 다 잃어 버렸습니다.

48시간 안에 그의 사랑하는 자녀들이 전부 다 피살되었습니다. 또한 이제 자기의 부동산이나 자산도 다 날려 버렸습니다. 또한 그의 육체 속에는 말할 수 없는 고통스러운 병이 있었습니다.

그러나 마음속에 이와 같이 욥이 고통하고 있는 문제는 무엇이냐면 그런 문제가 아니라 여기에 대한 어떠한 답이 나오지 않는다는 것입니다. 이제 욥기 1장에서 37장까지 말씀을 보게 되면 하나님께서 이런 모든 문제에 대한 답을 주고 있지 않다는 사실을 발견합니다.

그래서 욥은 하나님께 계속 부르짖습니다. '하나님 나에게 왜 이러한 고통과 어려움을 주십니까?' 그러나 하나님은 대답이 없습니다. 이것이 바로 욥이 당하고 있는 시련이요 욥의 신앙을 시험하고 있는 것이었습니다. 여러분 삶 속에는 욥과 같은 시련을 당하고 있는 분들이 있다고 저는 생각합니다.

여러분 삶 속에서 하나님 왜 이러한 어려움과 고통을 주십니까? 하나님께 기도하신 분이 있다고 생각합니다. 여러분의 마음속에 고통을 가지고 어려움을 당하는 이유 중에 하나는 하나님으로부터 어떤 해답을 찾고 있기 때문입니다.

하나님으로부터 어떤 답을 찾고 하나님으로부터 주시는 위로를 찾지 아니하면 여러분은 언제나 그런 문제 속에서 불안하고 두려워하게 되는 것입니다.

하나님은 절대로 어떤 문제에 대한 답을 반드시 줘야 한다는 그러한 책임을 가지고 있지 않습니다. 하나님은 하나님이시고 우리는 피조물이기 때문에 피조물이 하나님으로부터 어떤 답을 받아야 한다는 그러한 책임을 가질 필요가 없습니다. 그러나 하나님은 사랑의 하나님이요 공유의 하나님이기 때문에 하나님은 필요해서 여러분에게 주신다는 사실을 믿으시기 바랍니다.

하나님께서 만일 여러분의 삶에 일어나는 모든 사건에 대해서 설명을 해준다 할지라도 여러분은 그 사실을 이해하지 못할 것입니다. 하나님이 아시는 모든 지식을 우리가 이해할 만한 지혜가 없습니다.

하나님이 말씀하시기를 "나에게는 너희들과 다르다" 고 말씀하시고 있고, 하나님은 높은 곳에 계신다고 말씀하시고 있습니다. 여러분이 위로를 받기 위해서 하나님으로부터 어떤 해답을 찾을 필요가 없다는 사실을 믿으시기 바랍니다. 마음의 평안은 하나님으로부터 답을 얻는데 있지 아니하고 하나님을 의지하고 신뢰하는 데서부터 오는 것을 믿으시기를 바랍니다. 학교 다닐 때 시험을 치르게 되면 시험문제를 내는 선생님은 시험을 치는 그 시간에 아무 말씀도 하고 있지 않다는 사실을 여러분은 잘 알고 있을 것입니다.

하나님께서 아무런 대답이 없다고 하시고 아무런 응답이 없다고 할 때에 그것은 바로 여러분을 시련하고 시험하는 시기인줄 아시기를 바랍니다.

사도 바울은 자기가 어찌할 수 없는 상황 속에서 주시는 모든 것을 수용하려는 자세를 가졌습니다. 이제 사도 바울은 옥에서 그가 처형당하기 직전에 내가 어떠한 상황에 있더라도 처지에도 나는 자족하는 비결을 배웠다고 고백하고 있습니다.

그래서 그는 예수님만이 나에게 힘을 주시고 예수님이 나에게 평강을 주신다는 이러한 확신을 가지고 있었습니다. 이제 사무엘하 21장 12절 말씀을 보게 되면 다윗이 어린 아이를 가지고 있는 사실이 나타납니다. 그런데 다윗의 아들이 병들어서 죽게 되었습니다.

다윗은 이 아이를 어떻게든지 살리기 위해서 여러 가지로 애를 씁니다. 그래서 7일 동안 식음을 전폐하고 밤낮으로 하나님 앞에 기도하고 금식하고 부르짖고 있었습니다. 그러나 그 아이는 결국 죽고 말았습니다. 신하들이 이 아이가 죽은 사실을 다윗 왕에게 말해 주기를 두려워했습니다. 그런데 다윗은 아들이 죽었다는 소식을 듣자마자 목욕을 하고 옷을 갈아입고 음식을 먹었습니다.

신하들이 어떻게 아들이 죽었는데 다윗 왕이 목욕을 하고 옷을 갈아입고 맛있는 음식을 먹을 수 있을까 의아해 했습니다. '왜 아직도 통곡하며 울지 않습니까? 다윗이 말하기를 '이미 내 아이는 죽어서 천국에 갔고 나보다 먼저 천국에 간 것이고 천국에 간 사실을 내가 어떻게 바꿀 수 있겠는가' 라고 말했습니다. 다윗은 변화될 수 없는 상황과 처지를 수용하고 받아들였습니다.

그러므로 평강에 이르는 첫 번째 과정은 주어진 환경 속에서 수용하는 자세를 가지는 것입니다. 여러분이 할 수 없는 극한 상황에 갔을 때는 하나님께 맡기고 하나님을 의지하시기 바랍니다.

이제 두 번째 평강의 길로 나가는 과정이 있습니다.

하나님이 우리를 돌보시고 사랑하신다는 사실을 깨닫고 하나님을 의지하시기를 바랍니다. 성경은 분명히 말씀하고 계십니다. 내 마음을 다해서 하나님을 의뢰하라고 말씀하십니다. 너의 지혜나 명철을 의지하지 말라고 말씀하고 있습니다. 너는 범사에 그를 인정하라고 말씀하고 있습니다. 그렇게 하면 하나님께서 너의 길을 지도하신다고 말씀하고 있습니다.

또한 이사야 말씀을 보면 이와 같이 주님을 의지하는 자에게는 평강을 주신다고 약속하고 있습니다. 많은 사람은 평강이라고 하는 것은 문제가 없다고 생각합니다. 그러나 여러분 삶 속에서는 언제나 문제가 일어나고 있습니다.

삶이라고 하는 것은 한 마디로 문제의 연속입니다. 여러분이 가지고 있는 문제를 가지고 서열로 정하면 첫 번째 열 번째 여러 가지로 그 사연을 매겨나갈 수 있습니다. 첫 번째 문제를 해결하고 나면 두 번째 문제가 올라와서 첫 번째 문제가 됩니다. 두 번째 문제가 첫 번째 문제로 올라가서 해결되면 세 번째 문제가 올라오고 나중에 첫 번째 문제가 또 되어서 그 문제가 되는 것입니다.

그러므로 여러분이 참으로 평안한 마음을 가지기 위해서는 이러한 문제 속에서 어떻게 내가 평안을 갖는가를 배워야 하는 것입니다. 우리는 왜 이와 같이 많은 문제를 안고 살아가고 있습니까? 세 가지 이유가 있습니다.

첫째로 우리가 타락한 세상에 살고 있기 때문인 것입니다. 아담과 하와가 범죄하고 타락했을 때 죄를 가지고 이 세상에 들어와서 그의 후손들이 다 범죄가운데 살게 되었습니다. 두 번째는 우리에게는 원수와 적이 있기 때문인 것입니다. 그 이름은 사탄입니다. 여러분이 예수님을 영접하고 예수님을 따르기로 작정한 그 순간부터 사탄은 여러분의 원수가 되어서 문제를 일으키기 시작합니다. 여러분의 건강에 해를 끼치고 문제를 일으키고 여러분의 가정에 문제를 일으키고 또한 여러분의 인간관계 속에서 많은 문제를 발생시키는 것입니다. 세 번째 우리가 문제를 가지는 이유는 우리 스스로가 범죄하고 잘못하기 때문인 것입니다. 우리는 죄인들이고 실수가 많기 때문에 잘못 선택하고 잘못 결정함으로 스스로가 이와 같이 어려운 고통을 당하게 되는 것입니다.

내가 여러 가지로 어려운 문제를 당한 적이 있습니다만 그런 모든 문제는 대부분이 내가 잘못 선택하고 잘못 생각해서 생긴 문제입니다. 또한 여러분 마음속에 가지고 있는 고통의 문제들도 여러분이 잘못된 선택, 잘못된 결정 때문에 오늘의 고통을 가지고 있는 것입니다. 우리가 가지고 있는 이 문제의 이유는 바로 이 세 가지에서 온다고 말씀 드릴 수가 있습니다.

때로는 문제가 생길 때에 아무도 책임이 없는 경우도 있다는 것입니다. 어떤 문제로 말미암아 자신에게 탓을 돌릴 수도 없고 사탄에게 탓을 돌릴 수도 없고 어떤 다른 사람에게 탓을 돌릴 수 없는 그러한 문제가 있다는 것입니다. 또한 이유를 모르지만 여러분이 가지고 있는 고통이라는 것은 하나님이 어떤 특정한 목적을 이루기 위해서 하나님이 허락하신 그러한 고통이 있을 수 있다는 것입니다.

요한복음 9장 말씀을 보면 여기에 좋은 예를 찾아 볼 수가 있습니다. 예수님께서 길거리를 가시다가 막 태어날 때부터 소경이 된 한 사람을 보게 됩니다. 제자들이 소경된 자를 보면서 "예수님 저가 소경이 된 것은 자신의 죄 때문인 것입니까? 아니면 부모의 죄 때문인 것입니까?" 이렇게 물었습니다. 예수님께서 말씀하시기를 그것은 아무의 잘못이나 죄가 아니라고 말씀하십니다.

그가 소경이 된 것은 그의 삶속에서 하나님의 영광과 하나님의 뜻을 이루기 위해서 된 것이라고 대답해 주었습니다. 여러분 삶 속에서도 이 말은 진리라고 생각합니다.

여러분의 문제가 어떤 것이든 그 문제에 대한 여러분의 태도나 반응은 항상 같아야 합니다. 다시 말하면 하나님을 언제나 의지하고 하나님의 돌보심과 사랑가운데 하나님을 의뢰하시기를 바랍니다.

빌립보서 4장을 보면 '아무것도 염려하지 말아라. 모든 일에 기도와 간구하라.' 고 말하고 있습니다. 간구란 너희 구할 것을 감사함으로 하나님께 아뢰라 라고 말씀하고 있습니다. 그리하면 모든 지각에 뛰어난 하나님의 평강이 그리스도 예수 안에서 너희 마음과 생각을 지키심이라고 말씀하고 있습니다.

우리의 삶 속에 일어나는 모든 일들을 우리의 뜻대로 통치하지 못합니다. 우리가 어찌할 수 없는 상황 속에 빠지게 되면 인간의 본성을 가진 사람들은 두 가지 중에 한 가지 반응을 나타내기 시작합니다. 어찌할 수 없는 상황 속에서 내가 통치할 수 없는 단속할 수 없는 관리

할 수 없는 상황 속에 빠지게 되면 내가 더 통치하고 통제하려고 하는 본성이 있습니다.

그래서 문제가 더 생기면 생길수록 자신이 어떻게 해 보려고 노력하는 마음이 우리 인간에는 다 있는 것입니다. 자기가 노력하기 때문에 주위에 있는 많은 사람들이 그를 돕지 못하는 경우도 있습니다. 그러한 상황과 환경과 처지를 이겨 나가기 위해서 자기 스스로가 많이 수고하고 애쓰는 것입니다.

그러나 어떤 사람들은 그와 정반대로 이러한 문제에 대한 태도를 가지고 있는 것을 볼 수가 있습니다. 어떤 사람은 말하기를 '그런 상황을 포기해 버려라.' 그래서 희생당하는 것 같고 절망 속에 빠지는 것 같은 그런 감정을 가지게 됩니다. 욥과 같이 '난 이제 죽었으면 좋겠다.' 그러한 상황까지 빠지게 됩니다. 욥은 너무도 절망 속에서 스스로 자포자기하고 죽음을 자초했었습니다.

그러나 이 두 가지 반응이라고 하는 것은 모두 다 어리석은 선택이라고 말씀할 수 있습니다. 이 두 가지는 다 우리의 신앙생활에 맞지 않는 것입니다.

여러분은 이제 평강의 길로 나가기 위해서 세 번째 방법을 택해야 합니다. 그것은 하나님의 통치하심에 우리 자신을 맡기고 우리의 삶을 항복하고 나가는 것입니다.

여러분 뜻대로 되어지지 않는 삶의 영역이 있을 때 거기에서 여러분은 많은 스트레스를 받게 됩니다. 여러분이 참으로 평강을 얻지 못하는 것은 통제할 수 없는 상황 속에서 여러분이 노력하고 있기 때문인 것입니다.

여러분 이 말씀을 주의 깊게 들어 보시기를 바랍니다. 여러분이 어떤 스트레스 가운데 또는 여러분이 혼돈과 어려움 속에 빠지는 이유는 무엇이냐 하면 하나님과 싸워보자는 그러한 마음이 있기 때문인 것입니다.

여러분이 아침에 일어날 때마다 여러분은 매우 중대한 결정을 하지 않으면 안 됩니다. 질문은 무엇이냐 하면 아침에 일어났을 때 오늘 내 삶의 주인이 누구이냐 나인가 아니면 하나님인가? 이러한 문제는 언제나 우리에게 있는 것인데 예수 믿고 난 다음에도 이 문제는 우리에게 여전히 남아 있을 수 있습니다.

때로는 우리가 마음속으로 하나님보다 내가 더 잘 알지 이러한 생각을 할 때가 있습니다. 하나님의 뜻이 무엇인지 알면 하나님이 어떻게 하는 걸 원하는 것을 알지만 아마 이것은 내가 더 잘 안다고 생각하고 말하고 행동할 때가 많습니다.

그래서 우리의 삶속에 내 삶이 어떤 법칙을 만들어 나갑니다. 하나님의 뜻과 하나님 목적을 성취하는 것보다 내 개인의 어떤 목적과 어떤 것을 이루려고 노력하는 것입니다.

내가 이와 같이 하나님의 뜻을 좇지 아니하고 내 뜻을 좇아 나가게 된다 하면 제 삶을 통해서 볼 때에 내가 마치 하나님처럼 행동한 때가 있었다는 것입니다.

이와 같이 내가 모든 상황을 내 뜻대로 처리해 나가려고 할 때에 나는 점차 하나님과 싸워 나가는 그러한 상태에 빠지게 되는 것입니다. 이렇게 할 때에 성령은 어떠한 일이 있는가를 분명히 우리에게 말씀 해 주고 있습니다.

로마서 8장 6절에 이렇게 말씀하고 있습니다. '육신의 생각은 사망이요 영의 생각은 생명과 평안이니라.' 여러분이 만일 하나님과 싸워서 전쟁을 하겠다고 하면 여러분은 분명히 하나님 앞에서 패하게 될 수밖에 없습니다.

미국에 이런 표현이 있습니다. 하나님과 마치 권투 시합을 하는 것처럼 한다고 하면 하나님의 손은 길고 우리는 짧기 때문에 우리는 결코 하나님을 이길 수 없다는 표현이 있습니다.

제가 어렸을 때에 세계적으로 유명한 권투선수 모아메드 알리를 제가 잘 기억하고 있습니다. 그는 이제 전 세계에 다니면서 내가 위대한 사람이라고 자랑하고 교만을 떨었습니다.

그래서 굉장히 교만한 자태를 부렸습니다. 그러나 나이가 들어서 늙었을 때에 그는 무서운 중병에 걸렸습니다. 몸이 떨리고 손이 떨리는 그러한 떨리는 병에 걸렸습니다.

여러분이 아시는 대로 올림픽 대회 때 마지막 봉화 점화하는 그 순서를 본인이 맡았습니다. 여러분이 TV를 통해서 보신대로 모아메드 알리가 마지막으로 봉화를 점화하는 손을 부들부들 떨면서 점화하려는 그러한 애쓰는 모습을 여러분은 보았을 것입니다.

그 후에 TV 인터뷰가 있었는데 모아메드 알리가 이런 말을 했습니다. 하나님께서 이와 같이 나의 몸을 연약하게 한 것은 내가 위대한 자가 아니라 하나님이 위대한 사실을 알게 함이라고 말했습니다.

하나님을 의지하도록 하기 위해서 하나님은 때로는 우리를 무능하게 만든다는 사실을 믿으시기 바랍니다. 하나님을 더욱 의지할 수 있도록 하기 위해서 하나님은 우리에게 연약함도 주시고 우리에게 무력함도 주신 다는 것입니다.

그러므로 평강으로 나가는 길은 하나님과 싸우는 태도를 가지는 것이 아니라 하나님께 우리의 삶을 맡기는 것입니다. 여러분이 참으로 참다운 진정한 깊은 평안을 원한다고 하면 여러분의 삶 모든 영역을 하나님 앞에 맡기시기 바랍니다.

그러면 내가 하나님 앞에서 정말 하나님께 모든 삶을 맡기고 항복하는 자세로 어떻게 살아가는 것이 이러한 삶인가 그것을 어떻게 알 수 있는가 질문해 볼 수 있습니다. 하나님 앞에서 삶을 맡기고 항복하는 자세로 산다고 하는 그 증거는 이와 같이 우리가 주님 앞에 순복하는 것입니다.

하나님 하신 말씀에 우리는 절대 순종하는 것입니다. 내가 하나님 말씀을 이해하지 못하지만 무조건 순종하는 것입니다. 그것이 어렵지만 무조건 순종하는 것입니다. 모든 사람이 그 반대로 나가도 나는 그 말씀에 순종하는 것입니다. 그래서 하나님의 말씀을 그대로 믿고 하나님이 지시하는 그 곳으로 계속 나가는 것입니다.

시편 110편 말씀을 보게 되면 주의 법을 사랑하는 자에게는 큰 평안이 있다고 말씀하고 있습니다. 이제 오늘 밤에 오신 여러분들 참으로 이 문제를 도저히 해결 할 수 없는 것처럼 보인다고 생각하는 그런 문제를 안고 있을 것입니다.

여러분의 삶속에서 정말 여러분의 힘으로는 어찌할 수 없는 그러한 환경과 처지 속에서 몸부림 치고 있을 겁니다. 어떻게 해답 없는 답이 없는 가운데서 고통을 당하고 있는 이러한 문제로 고민하고 있는 분들도 있을 겁니다. 여기에 복음과 기쁜 소식이 있습니다. 여러분은 먼저 하나님과 평화하시기 바랍니다.

모든 것을 아시는 하나님의 평강을 여러분들은 누리시기 바랍니다. 하나님으로부터 오는 평강을 받기 전에 먼저 하나님과 화평하고 평화하시기 바랍니다.

여러분의 삶을 송두리째 무조건 절대적으로 주님께 맡기시기 바랍니다. 로마서 5장 1절에 이렇게 말씀하고 있습니다. '우리가 믿음으로 의롭다함을 얻었은즉 주 예수 그리스도로 말미암아 하나님과 더불어 화평을 누리자.'

오늘 이 밤에 여러분들에게 매우 중대한 질문을 드리겠습니다. 여러분은 하나님과 싸우고 다투는 가운데 피곤에 지쳐 있지는 않습니까? 여러분들이 만일 계속해서 여러분의 삶의 문제를 해결하려고 노력한다고 하고 하나님께 맡기지 않으면 여기에 이런 결과가 나타날 것입니다. 죄책감이 있습니다. 두려움이 생깁니다. 하나님께 대한 분노와 분개심이 생깁니다. 외로움과 고독도 있습니다. 좌절과 피곤함이 따라 옵니다. 이와 같이 절망감 속에서 침체 되는 것입니다.

만일 하나님 앞에 여러분의 삶을 온전히 맡기고 하나님으로 여러분의 삶을 통치하게 만든다고 하면 여기의 결과는 힘이 있습니다. 지혜가 있습니다. 능력이 있습니다. 평강이 있습니다. 삶의 목적이 뚜렷해집니다. 승리합니다. 영원한 생명을 우리가 가지게 됩니다.

왜 우리 모두가 하나님 앞에 우리의 삶을 다 맡기지 못하고 있습니까? 하나님께 대한 분개심을 가지고 있기 때문에 우리가 하나님 앞에 항복하지 못하는 것입니다. 여러분은 아직도 하나님께 대해서 불만과 어떤 분개심을 가지고 분노하고 있습니까?

여러분이 그리스도인이면서 여전히 하나님께 이와 같이 분노를 표현할 수 있습니다. 여러분이 계획을 했는데 그 뜻대로 이루어지지 않기 때문에 하나님께 어떤 분노한 마음을 가질 수 있습니다. 또한 여러분이 너무 연약하고 신체적인 기형 때문에 하나님께 대한 분노함을 가질 수 있습니다.

결혼하고 싶지만 결혼이 잘 되어지지 않습니다. 그래서 하나님께 대한 불만과 분노함을 가질 수 있습니다. 사랑하는 배우자나 사랑하는 사람이 갑자기 세상을 떠났을 때 왜 이렇게 하나님이 이 사람을 데려갔는가 여기에 대해서 하나님께 대한 불만을 표시할 수 있습니다.

그러나 이와 같이 하나님 앞에 분노를 표시하는 여러분 당신은 누구입니까? 하나님은 여러분보다 더 잘 알고 있습니다. 하나님은 여러분의 필요를 잘 알고 있습니다. 하나님은 여러분에게 최상 최선이 무엇인지 너무도 잘 알고 있습니다.

여러분이 하나님께 대한 분노하는 마음을 가지고 있는 한 절대로 여러분은 하나님의 평강을 체험할 수가 없는 것입니다. 그래서 이와 같이 우리에게 소망을 주시고 힘을 주시고 우리에게 정말로 치유하시는 그 하나님 앞에 방향을 돌려서 나가야 합니다.

이렇게 말씀 드림으로 설교를 마치려고 합니다.

여러분이 가졌던 지금까지의 모든 문제를 하나님은 너무도 잘 알고 잘 보아 오셨습니다. 참으로 여러분이 가지고 있는 문제들이 발생하기 전에 하나님은 이미 다 알고 있었습니다.

그러나 하나님은 어떤 뜻에서인지 그 문제가 여러분 삶속에 일어나도록 그렇게 허용해 주었습니다. 참으로 여러분의 생애에 일어났던 그 어떠한 악하고 어려운 일 중에 하나라도 하나님이 막을 수 없었던 그런 일은 없습니다.

여러분 삶속에 그러한 일을 허락하신 것은 분명한 하나님의 뜻이 있었다는 것입니다. 하나님이 왜 그렇게 하셨을까요? 여러분 삶속에 왜 그 문제를 주었습니까? 저는 잘 모르겠습니다. 그 대답은 못하지만 분명히 제가 한 가지 아는 것이 있습니다. 하나님은 우리 각자에게 이와 같이 선택의 자유함을 주신 것입니다.

우리가 잘못된 선택을 하게 되면 우리의 결과가 어려워집니다. 또한 어떤 사람이 잘못 선택을 하게 되면 무죄한 죄 없는 사람들이 이와 같이 상처를 받게 됩니다. 저는 모든 문제의 뒤에는 하나님의 분명한 뜻이 있다고 믿습니다.

우리가 그 목적과 그 뜻을 깨닫지 못하고 보지 못하고 있습니다. 그러나 하나님은 분명히 여러분에게 평안과 위로만 주는 것 보다 여러분의 어떤 하나님을 닮아가는 인격을 이와 같이 세워 나가는데 관심 있다고 저는 생각합니다.

만약 여러분이 원하는 대로 이 세상을 살아가고 가지고 싶은 모든 것을 다 가지고 뜻대로 된다고 하면 여러분은 버릇없는 이러한 그리스도인이 되고 말 것입니다. 이것은 천국이 아니라는 사실을 여러분은 잘 알고 있습니다. 영원한 이와 같이 위로라고 하는 것은 후에 오는 것이지 지금 지상에 있는 것이 아닙니다.

여러분이 이 세상에서 아무런 문제없이 살겠다고 생각하고 기대하고 산다고 하면 여러분은 절망할 수밖에 없습니다. 그러나 하나님은 분명히 천국에서 여러분에게 주신 상급을 분명히 준비하고 있습니다. 이제 하나님은 천국에서 여러분의 인격을 위해서 여러 가지 문제도 주시고 그러므로 또한 하늘의 상급도 준비하고 있는 것입니다.

하나님은 이러한 문제를 통해서 하나님을 더욱 의지하도록 만들고 있는 것입니다. 그러므로 우리는 우리가 평강을 가지는 유일한 길은 우리의 처해있는 환경을 그대로 받아들이고 수용하는 것이고 그 다음 문제 속에서 주님만을 의지하는 것이고 그 다음에 우리의 삶을 전체로 하나님 앞에 맡기는 것입니다. 이것이 오직 평강으로 나가는 유일한 길이 되는 것입니다.

* 1999년 5월 명성교회에서 열린 새들백컨퍼런스에서 릭 워렌 목사가 설교한 내용을 번역한 전문. 이 책 저자인 김연택 목사가 통역.

맺는 말

릭 워렌 목사 자신과 새들백교회는 전 세계 많은 사람들에게 커다란 영향을 주고 있다. 그의 세미나가 격찬을 받고, "목적이 이끄는 삶"을 통해서 인기가 높아져도 그는 결코 자만하지 않고 겸손한 목회를 하고 있다는 것을 주목해야 한다. 그가 카리스마적이고 성공적인 기독교 저명인사이지만 명예와 물질로 인하여 타락하지 않는 것도 놀라운 사실 가운데 하나일 것이다. 그는 교회밖 외부 활동을 거의 하지 않지만 그의 교회 사역이 전 세계에 알려진 것은 그의 겸손한 교회를 위한 계획과 실천 때문이다. 그는 여전히 교회성장은 하나님만이 하실 수 있는 것이라고 생각하면서 교회에 영감과 동기를 불러 일으키는 목회자가 교회성장에 가장 중요한 요소라고 말한다. 그는 지금도 복음전도의 열정을 가지고 효과적인 사역들을 개발하고 인생의 목적을 모르고 방황하는 사람들을 크게 돕고 있다.

새들백교회는 지금도 '교회에 나오지 않는 사람은 누구인가?' 를 생각하면서 전도사역을 강화하고 있다. 교회에 나오지 못하게 하는 걸림돌을 확인해서 제거하고 그들을 교회로 인도할 수 있는 분위기를 조성하고 있다. 이미 새들백교회 대형교회로 성장하였기 때문에 교인 중심의 의식이 적다고 하는 일반적으로 가지는 부정적인 이미지를 없애기 위해 현재 소그룹 사역과 개인별 상담 프로그램을 현재 교회에 다니지 않는 사람들에게 적극 권장하고 있다. 릭 워렌 목사는 세미나를 통해 목회자들에게 전도사역을 할 수 있는 지침과 도구를 제공해 주고 있다. 그는 목회자들에게 세 가지를 제안하고 있다. 첫째, 교회를 움직이고 있는 것이 무엇인가 이해할 것, 둘째, 교회가 추구하는 목적을 분명하게 설정할 것, 셋째, 지역사회에서 전도할 것이다.

릭 워렌 목사가 목회자들에게 항상 주는 도전이 있다. 그것은 교회와 전 세계에 건설적인 변화를 일으키는 주역이 언제나 목회자들이라는 것이다. 교회는 물론, 전 세계의 문제의 해결책은 교회 정치가 아니라 바로 목회자의 소명의식과 목회철학에 달려 있다고 말한다. 그는 교회 지도자들이 하나님의 말씀을 잘 가르치고 있지만, 교회를 위해 헌신하지 않고 있고, 교회가 교회 존재 목적에 대한 감각을 상실해 가고 있다고 말한다.

교인들은 헌신적이고 진정한 마음으로 하나님께 예배하고 신앙생활을 하지 않고 의식적이고 형식적인 교회생활과 신앙생활을 하고 있다고 말한다. 그래서 우리 한국교회는 릭 워렌 목사의 "새들백교회 이야기", "목적이 이끄는 삶"을 통해서 습관적인 교회생활과 무의미한 신앙생활을 버리고 목적이 이끄는 삶과 교회를 세워나가기를 간절히 소망하는 것이다.

참고도서

Rick Warren, *Purpose-Driven Church*, Zondervan Publishing House, Grand Rapids, MI, 1995

Rick Warren, *The Power to Change Your Life*, Saddleback Community Church, Mission Viejo, CA, 1998

Rick Warren, *Answer to Life's Difficult Questions*, The Encouraging Word, Mission Viejo, CA, 1999

Rick Warren, *The Purpose-Driven Life*, Zondervan Publishing House, Grand Rapids, MI, 2002

Rick Warren, *The Purpose-Driven Church International Conference*, Calvin Institute of World Mission, Cerritos, CA, 1996

Richard Abanes, *Rick Warren and the Purpose that Drives Him*, Harvest House Publishers, Eugene, Oregon, 2005

George Mair, *A Life with Purpose*, The Berkley Publishing Group, 2005

릭 워렌, 새들백교회 이야기, 도서출판 디모데, 2000

릭 워렌, 목적이 이끄는 삶, 도서출판 디모데, 2003

릭 워렌, 목적이 이끄는 교회 컨퍼런스, 칼빈세계연구원, 1996

조지 메이어, 목적과 함께 한 릭 워렌, 규장, 2006

김연택, 21세기 건강한 교회, 도서출판 제자, 1996

김연택, 21세기 전도와 건강한 교회, 대한신학대학원대학교, 1999

김연택, 건강한 교회와 예배, 도서출판 프리셉트, 2000

김연택, 21세기 목회와 건강한 교회, 대한신학대학원대학교, 1999

김연택, 목회와 교회성장, 기독교문서선교회, 1996